"十三五"国家重点出版物出版规划项目·重大出版工程规划
中国工程院重大咨询项目成果文库
推动能源生产和消费革命战略研究系列丛书
（第一辑）

丛书主编　谢克昌

第三次工业革命与能源生产消费革命

何继善　等　著

本书系中国工程院重大咨询项目"推动能源生产和消费革命战略研究"第一期（2013年5月至2015年12月）研究成果

科学出版社

北　京

内 容 简 介

能源是人类社会进步、发展的重要物质基础，也是制约我国经济持续健康发展的重要因素。本书围绕当前正在发生的，以信息技术、新材料技术、新能源技术等重大科技创新为先导的第三次工业革命，以及由第三次工业革命带动的能源系统中正在兴起的可再生能源、智能电网、分布式能源等革命性变化，系统阐述了第三次工业革命及其对经济社会发展和对我国能源生产与消费的影响，在此基础上，提出了推动我国能源生产与消费革命的战略构想，并对四个方面的重点工程进行了分析，最后提出了推动我国能源生产与消费革命的政策建议。

本书可供从事能源生产与消费管理工作者阅读，也可作为对能源生产与消费管理相关问题研究感兴趣的高校教师、研究生、科研人员及相关机构的决策者和工作者的参考用书。

图书在版编目（CIP）数据

第三次工业革命与能源生产消费革命/何继善等著. —北京：科学出版社，2017.4

（推动能源生产和消费革命战略研究系列丛书/谢克昌主编. 第一辑）

"十三五"国家重点出版物出版规划项目·重大出版工程规划 中国工程院重大咨询项目成果文库

ISBN 978-7-03-052402-7

Ⅰ. ①第… Ⅱ. ①何… Ⅲ. ①产业革命-研究②能源经济-研究-中国 Ⅳ. ①F419②F426.2

中国版本图书馆 CIP 数据核字（2017）第 065399 号

责任编辑：马 跃 李 莉／责任校对：刘亚琦
责任印制：徐晓晨／封面设计：无极书装

科学出版社 出版
北京东黄城根北街 16 号
邮政编码：100717
http://www.sciencep.com

北京京华虎彩印刷有限公司 印刷
科学出版社发行 各地新华书店经销

*

2017 年 4 月第 一 版 开本：720×1000 1/16
2018 年 2 月第二次印刷 印张：7 1/2
字数：120 000

定价：**168.00 元**
（如有印装质量问题，我社负责调换）

推动能源生产和消费革命战略研究系列丛书
（第一辑）
编委会成员名单

项目顾问

徐匡迪　中国工程院　第十届全国政协副主席、中国工程院主席团名誉主席、原院长、院士

周　济　中国工程院　院长、院士

潘云鹤　中国工程院　原常务副院长、院士

吴新雄　国家发改委　国家发改委原副主任、国家能源局原局长

王玉普　中国石油化工集团公司　董事长、党组书记、中国工程院原副院长、院士

项目负责人

谢克昌　中国工程院　原副院长、院士

课题负责人

第1课题　生态文明建设与能源生产消费革命　　　　　　杜祥琬
第2课题　世界能源版图变化与能源生产消费革命　　　　张玉卓
第3课题　第三次工业革命与能源生产消费革命　　　　　何继善
第4课题　能源生产革命的若干问题研究　　　　　黄其励、袁晴棠
第5课题　能源消费革命的若干问题研究　　　　　倪维斗、金　涌
第6课题　推动能源生产和消费革命的支撑与保障　　　　岑可法
综合课题　推动能源生产和消费革命战略研究　　　　　　谢克昌

课题三 第三次工业革命与能源生产消费革命编委会成员名单

顾问

| 谢克昌 | 中国工程院 | 原副院长、院士 |

组长

何继善　　中南大学　　　　　　　　　　　　　　　院士

副组长

杨善林　　合肥工业大学　　　　　　　　　　　　　院士

成员（按姓氏笔画排序）

王　安	中国国际工程咨询公司	院士
王守相	天津大学	教授
王乾坤	武汉理工大学	教授
甘中学	新奥集团	教授
杨奇逊	华北电力大学	院士
李晓红	武汉大学	院士
余贻鑫	天津大学	院士
张少雄	中南大学	教授
焦建玲	合肥工业大学	教授

本书是根据谢克昌院士主持的中国工程院重大咨询项目"推动能源生产和消费革命战略研究"第一期的第三课题研究报告修改而成。参加本课题研究的有：何继善、杨奇逊、李晓红、杨善林、余贻鑫、王安、王乾坤、甘中学、焦建玲、王守相、鲁贵卿等，特此说明。

丛 书 序 一

能源是国家经济社会发展的基石。能源问题是关乎国家繁荣、人民富裕、社会和谐的重大议题。当前世界能源形势复杂多变，新的能源技术正在加速孕育、新的能源版图正在加速调整、新的能源格局正在逐步形成。国内生态环境约束日益加强，供给侧结构性改革推进正酣，构建前瞻性的能源战略体系和可持续的现代能源系统迫在眉睫。习近平总书记在中央财经领导小组第六次会议上提出了推动能源生产和消费革命的战略要求，为我国制定中长期能源战略、规划现代能源体系、推进"一带一路"能源合作、保障国家能源安全等明确了方向。

中国工程院在 2013 年 5 月启动了由时任中国工程院副院长的谢克昌院士牵头负责的"推动能源生产和消费革命战略研究"重大咨询项目，适度超前、恰逢其时，意义重大。这一项目的启动体现了中国工程院作为国家智库的敏锐性、前瞻性、责任感和使命感。项目研究从国际能源和工业革命规律等大视野，提出了我国能源革命的战略、目标、重点和建议，系统研究并提出了我国能源消费革命、供给革命、技术革命、体制革命和国际合作的技术路线图。项目研究数据翔实、调研充分，观点明确、内容具体，很多观点新颖且针对性强，对我国能源发展具有重要指导和参考意义。项目研究成果凝聚了 30 多位院士和 300 余名专家的集体智慧，研究期间多次向国家和政府部门专题汇报，部分成果和观点已经在国家重大决策、政府相关规划的制定中得到体现。

推动能源革命是一项长期、复杂的系统工程，研究重点和视角因国际形势变化、国内环境变化而表现不同，希望项目研究组和社会能源科技专家共同努力，继续深化研究，为我国能源安全发展保驾护航，为我国全面建成小康社会和实现两个"一百年"目标添薪助力。

谨对院士和专家们的艰辛付出表示衷心的感谢！

徐匡迪

2016 年 12 月 26 日

丛 书 序 二

在我国全面建成小康社会、实现中华民族伟大复兴的中国梦进程中，能源与经济、社会、环境协调发展始终是一个重要课题。能源供给约束矛盾突出、能源利用效率低下、生态环境压力加大、能源安全形势严峻等一系列问题，以及世界能源版图深刻变化、能源科技快速发展的国际化趋势和应对气候变化的国际责任与义务，要求我国亟须在能源领域进行根本性的变革和全新的制度设计，在发展理念、战略思路、途径举措、科技创新、体制机制等方面实现突破或变革。

党的十八大报告指出，要坚持节约资源和保护环境的基本国策，推动能源生产和消费革命，控制能源消费总量。2014年6月13日，习近平总书记主持召开中央财经领导小组第六次会议，会议明确提出"能源消费革命"、"能源供给革命"、"能源技术革命"、"能源体制革命"和"加强国际合作"的能源安全发展战略思想。可见，"能源生产和消费革命"已成为我国能源方针和政策的核心内容，成为推动能源可持续发展的战略导向，成为加快能源领域改革发展的重要举措。

作为我国工程科学技术界的最高荣誉性、咨询性学术机构，为了及时通过战略研究为推动能源生产和消费革命提供科学咨询，中国工程院在2013年5月就启动了"推动能源生产和消费革命战略研究"重大咨询项目，目的是根据国家转变能源发展方式的现实任务和战略需求，从国际视野和大能源观角度，深入分析生态文明建设、世界能源发展趋势、第三次工业革命等方面对我国能源领域带来的深刻影响和机遇，紧紧围绕能源革命的概念、核心、思路、方式和路径展开系统研究，提出推动能源生产和消费革命的战略思路、目标重点、技术路线图和政策建议，为我国全面推进能源生产和消费革命，完善国家能源战略规划和相关政策，加强节能减排、提高能效、控制能源消费总量，推动煤炭等化石能源清洁高效开发利用，拓增非化石能源、优化能源结构等一系列工作提供创新思路、科学途径和方法举措。

项目由中国工程院徐匡迪主席、周济院长、时任常务副院长潘云鹤院士、时任副院长王玉普院士，以及国家能源局原局长吴新雄担任顾问，中国工程院原副院长谢克昌院士任组长，下设六个课题，分别由相关能源领域院士担任课题组长，来自90家科研院所、高等院校和大型能源企业的300多名专家参与研究及相关工作，其中院士39位。研究工作全面落实国家对战略研究"基础研究要扎实，战略目标要清晰，保障措施要明确，技术路线图和政策建议要具体可行"的要求，坚持中国工程院对重大课题研究的战略性、科学性、时效性、可行性、独立性的要求，历时两年多时间，经过广泛的专家讨论、现场调研、深入分析、成果交流和征求意见，最终形成一个项目综合报告和六个课题报告。

第一册是综合报告《推动能源生产和消费革命战略研究（综合卷）》，由中国工程院谢克昌院士领衔，在对六个课题报告进行了深入总结、集中凝练和系统提高的基础上，科学论述了推动能源生产与消费革命是能源可持续发展和构建"清洁、低碳、安全、高效"现代能源体系的必由之路。《推动能源生产和消费革命战略研究（综合卷）》对能源生态协调发展、能源消费总量控制、能源供给结构优化、能源科技创新发展、能源体制机制保障等一系列突出矛盾和问题进行了深入分析，提出了解决的总体思路和主要策略；系统提出能源革命"三步走"战略思路和能源结构优化期（2020年以前）、能源领域变革期（2021~2030年）、能源革命定型期（2031~2050年）的阶段性目标以及战略重点，并就实施和落实各项战略重点的核心思路、关键环节和重点内容进行科学论证、提出明确要求。

第二册是《生态文明建设与能源生产消费革命》，由杜祥琬院士牵头，主要从生态文明建设的角度进行研究。从回顾人类文明发展和历次能源革命的历程，以及深入分析工业文明带来的危机和问题着手，总结了国际发展理念变迁、新的文明形态形成与实践的基本规律和趋势，认为全球能源革命的方向是清洁化和低碳化。分析我国转变发展方式、建设生态文明和推动能源革命的辩证关系，剖析能源生产和消费革命的难点，总结我国能源发展的主要特征和我国能源战略及其演变，最后提出推动我国能源革命的思路、路径以及政策建议。

第三册是《世界能源版图变化与能源生产消费革命》，由张玉卓院士牵头，主要从世界能源发展趋势的角度进行研究。通过总结当前世界主要经济体在能源供应、生态环境破坏以及气候变化方面面临的挑战，分析世界能源结构、供需格局、能源价格等重大趋势和规律。研究美国、欧盟等主要国家和地区能源发展与战略调整对我国能源安全发展的深远影响，提出我国必须转变能源发展理念和发展战略，主动适应世界能源发展的趋势变化，形成可持续的能源发展模式，加快发展方式转型，推动能源管理和制度创新，并从推动能源革命的基础、先导、方向、核心、支撑和保障等方面提出措施建议。

第四册是《第三次工业革命与能源生产消费革命》，由何继善院士牵头，主要从第三次工业革命的角度进行研究。在分析预判以互联网和可再生能源为基础的第三次工业革命发展趋势和机遇，以及对主要国家及地区能源战略和我国未来能源生产消费可能产生的影响的基础上，提出推动我国能源生产消费革命的战略构想，深入论证智能电网、泛能网、分布式发电与微电网、智能建筑和能源互联网等重点工程在未来我国能源体系中的作用、实施计划和经济社会价值，最后提出推动我国能源生产与消费革命的价格、财政税收、国际化经营和国际合作等政策建议。

第五册是《能源生产革命的若干问题研究》，由黄其励院士和袁晴棠院士牵头，主要从能源生产（供给）侧开展研究。厘清能源生产革命的背景与战略目标，从新能源开发利用水平和能源发展潜力两方面，论证了我国已基本具备能源生产革命的基础条件，系统阐述我国能源生产革命的方向、目标、思路和战略重点，提出能源生产革命的重大技术创新路线图、时间表，提出中长期能源生产革命重大工程和重大产业，以及能源生产革命的政策建议。

第六册是《能源消费革命的若干问题研究》，由倪维斗院士和金涌院士牵头，主要从能源消费侧开展研究。预判我国能源消费未来发展趋势，以及分析 2030 年前经济社会发展目标和能耗增长趋势。重点剖析了推动能源消费革命涉及的我国能源消费宏观政策、总量控制以及主要领域的若干重要问题，明确了我国能源消费革命的定义和内涵，提出推进我国能源消费革命、控制能源消费总量的战略目标和实施途径，以及有关政策建议。

第七册是《推动能源生产和消费革命的支撑与保障》，由岑可法院士牵头，主要从支撑和保障方面开展研究。分析我国能源生产和技术革命在支撑和保障方面的背景及目标，提出明确的定义、内涵和总体路线图。以能源消费绿色化、能源供给低碳化以及能源输配智能化三条主线为核心，提出在技术领域方面全面创新、在法律及体制机制层面深化改革的总体思路和重点内容，为推进和实施能源生产与消费革命提供支撑和保障。

"推动能源生产和消费革命战略研究系列丛书"是我国能源领域广大院士和专家集体智慧的结晶。项目研究进行过程中形成的一些重要成果和核心认识，及时上报了中央和国家有关部门，并已在能源规划、政策和重大决策中得到体现。作为项目负责人，借此项目研究成果以丛书形式付梓之机，对参加研究的各位院士和专家表示衷心的感谢！需要说明的是，推动能源生产和消费革命是一项系统工程，相关战略和政策的研究是一项长期的任务，为继续探索能源革命的深层次问题，目前项目组新老成员在第一期研究成果（即本套丛书）的基础上已启动第二期项目研究。希望能源和科技领域的专家与有识之士共同努力，为推动能源生产和消费革命、实现我国能源与经济社会持续健康发展贡献力量！

中国工程院
"推动能源生产和消费革命战略研究"
重大咨询项目负责人　　　　　2016 年 12 月 12 日

前　　言

第三次工业革命是以信息技术、新材料技术、新能源技术等重大技术创新的科技革命为先导，由第二次工业革命以来逐步形成的资源和环境压力不断加大、经济和社会发展越来越不平衡以及人类对物质生活和精神生活的需求日益提高而引发的又一次生产方式的重大变革。

第三次工业革命的核心是：以信息技术、新材料技术、新能源技术和生物技术等诸多领域的技术革命为先导，以数字化制造、互联网、新材料、新能源和空间技术、海洋技术的广泛应用以及基于新兴信息技术的商业模式创新为主要标志，实现新技术与新能源的融合。它将极大地延伸人类智慧，拓展人类的活动范围，促进人类生产方式、生活方式和思维方式的重大变革。

第三次工业革命的发展呈现能源结构多元互补且更青睐新能源的状态，能源生产方式呈现个性、分散、合作的趋势，能源生产技术呈现智能化的态势，能源消费呈现节约化的走势，组织管理模式呈现扁平化的倾向。

第三次工业革命将进一步加快我国经济对外开放的步伐，逐步培育我国面向全球竞争的新优势，完善我国开放型经济体系的建设。

第三次工业革命将促进我国生产力水平的显著提高，使物质文明达到一个新高度，同时将促进我国人民更加注重人与自然、社会的和谐发展。

在第三次工业革命的推动下，美国、欧盟、日本、俄罗斯等发达国家和地区的能源战略正发生新的变化。美国能源战略由供给多样化向清洁能源战略转变；欧盟则致力于创建欧洲共同市场为基础的可再生能源发展战略；日本能源战略在经历了核能立国后向多元可再生能源战略转变；俄罗斯能源外交重心转移，通过不断调整能源外交战略谋取地缘经济和地缘政治利益。

第三次工业革命将对制约我国当前经济社会发展的能源生产和消费产生革命性的影响。

化石能源开发利用的技术水平将稳步提升，推动我国化石能源开发利用朝着海洋油气资源和非常规油气资源方向发展，提高我国能源供应能力；清洁高效的能源利用技术不仅极大地缓解化石能源燃烧造成的环境压力，还将赋予化石能源新的竞争力。

非化石能源的发展将逐步改变以往大规模、集中式的能源生产模式，可再生能源的发展将促进分布式能源系统的发展。分布式能源系统通过直接分布在需求侧的小型化、微型化的用户能源综合利用设备，不仅实现资源的充分利用，而且避免了远距离运输中的大量损耗，提高能源利用效率。

智能电网的发展将全面提升能源系统对可再生能源发电的协调控制能力，促进清洁能源对化石能源的替代。智能电网的发展还可以在更大范围内实现能源资源的优化配置，提高能源资源的输送经济性。

智能制造技术的发展将催生一批新兴产业，为工业终端、智能建筑、智能交通的发展提供先进的智能设备，同时促进以客户为中心的服务型制造模式的发展。

通过赋予建筑物智慧和控制功能，智能建筑朝着强调高效率、低能耗、低污染，在实现以人为本的前提下达到有效调配、管理和控制资源、节约能源、保护环境和实现可持续发展的目标发展。通过促进分布式能源系统与建筑的优化整合，建筑成为分布式能源系统中能源生产环节的有效载体，进而彻底改变传统建筑作为单纯能源消耗体的地位和作用。

第三次工业革命将推动交通运输工具变革，进而推动能源系统变革。智能交通的发展通过改善交通状况，提高交通领域的节能减排效果，并与交通运输工具变革共同作用，优化交通领域能源消费结构。

推动我国能源生产与消费革命的总体思路：深入贯彻落实科学发展观，积极参与和引领第三次工业革命，以技术创新为动力，推动我国能源生产和消费革命，为我国经济社会发展提供安全、高效、清洁、可持续的能源供给，保障国家对能源的长期需求，推动我国由能源大国、科技大国向能源强国、科技强国转变。我国未来5~10年的战略目标是：在油气、煤炭、水电、核能等领域分别形成2~3家具有国际影响力和世界一流技术水平的大型跨国企业；在风力发电、光伏、生物质能利用、地热利用等新能源领域，分别形成1~2家在国际竞争中占据明显优势的大型企业；在非常规能源勘探，新能源的开发、存储、传输和利用等领域实现技术突破，2020年可再生能源利用比重提高到15%，实现智能制造、智能楼宇和智能交通等先进技术的突破和推广，提高能源利用效率。建议我国政府实行推进能源企业的国际化经营、加大新能源技术的研发与利用力度、加快推进智能电网的建设与应用、开展能源生产与消费的分布式系统建设、推动能源消费终端节能技术的研发和应用、推动社会消费模式的绿色变革等战略。

未来的能源网络将包括电力、燃气、水力、热力、储能等多种能源组成的综合网络，依靠智能电网有效地解决资源调峰和配置问题。智能电网将作为未来能源体系的一部分发挥重要作用，甚至将会成为未来能源系统的核心。

在构建未来能源体系过程中，智能电网将承担国家主干能源网络的供应和调配，作为实现未来能源体系的一种区域型、智能化的分布式能源网络——泛能网和微电网将主要承担区域能源供应，如社区、园区、城市综合体、城区等。泛能网和微电网将是智能电网在区域和终端智能用能的有效补充，在区域内促进气体能源与可再生能源的融合，推动集中式供电、气与分布式能源的结合。

智能化、绿色化建筑的融合发展将彻底改变建筑在能源系统中的地位和作用，从耗能终端转变为产能与耗能的融合体，担当智能电网功能实现载体和分布式能源系统交互平台的重要角色。

有计划、分阶段开展相关示范和重点工程建设，对保障我国能源安全、缓解环境压力、实现经济—资源—环境协调可持续发展具有重大的经济价值和显著的社会价值。

为抓住机遇推动我国能源生产消费革命，我国政府必须高瞻远瞩，提早规划和部署，从能源生产和消费的价格机制、财税政策、企业国际化经营、能源国际合作等方面进行规划，为能源生产和消费革命的实现提供必要的保障。

在能源价格机制改革方面，我国应建立完善的能源市场监管制度，构建适度竞争的能源市场环境，通过组建专业性能源监管机构，择时分层推进能源价格改革。在财税政策方面，建议我国继续推进资源税改革，通过设立财政专项资金、分阶段开征环境税等方式完善我国新能源财税体系。在国际化经营方面，我国应尽快完善海外投资立法，并注重以引进与自我培养相结合方式打造国际化经营人才队伍。在国际能源合作方面，我国应积极参与并引导国际能源市场新秩序的建立，不断拓宽国际能源合作领域，并把国际能源合作提高到外交层面，强化国际能源合作。

目　　录

第一章　第三次工业革命及其对经济社会发展的影响 …………………… 1
　　一、第三次工业革命本质、核心及发展趋势 …………………………… 1
　　二、第三次工业革命对经济社会发展的影响 …………………………… 3
　　三、第三次工业革命对主要国家和地区能源战略的影响 ……………… 8
第二章　第三次工业革命对中国能源生产消费的影响 ……………………… 19
　　一、化石能源供应呈现新的增长点和竞争力 …………………………… 19
　　二、非化石能源的发展将促进能源生产的多元化结构逐步升级 ……… 23
　　三、智能电网的发展将提高能源有序配置能力 ………………………… 26
　　四、智能制造技术的发展为工业能源消费提供新的节能空间 ………… 29
　　五、智能建筑的发展将进一步降低建筑物运行能耗 …………………… 32
　　六、智能交通的发展将改变交通运输工具的耗能结构 ………………… 35
第三章　推动中国能源生产消费革命的战略构想 …………………………… 38
　　一、推动中国能源生产消费革命的环境分析 …………………………… 38
　　二、推动中国能源生产消费革命的战略目标 …………………………… 42
　　三、推动中国能源生产消费革命的战略选择 …………………………… 42
　　四、推动中国能源生产消费革命的重点任务 …………………………… 45
第四章　推动中国能源生产消费革命的重点工程 …………………………… 52
　　一、智能电网 ……………………………………………………………… 52
　　二、泛能网 ………………………………………………………………… 58
　　三、分布式发电与微电网 ………………………………………………… 67
　　四、智能建筑 ……………………………………………………………… 73
第五章　推动中国能源生产消费革命的政策建议 …………………………… 83
　　一、推动中国能源生产消费革命的价格政策 …………………………… 83

二、推动中国能源生产消费革命的财政税收政策 …………………… 86
三、推动中国能源生产消费革命的国际化经营政策 ………………… 88
四、推动中国能源生产消费革命的国际合作政策 …………………… 91
参考文献 ……………………………………………………………… 96

第一章　第三次工业革命及其对经济社会发展的影响

第三次工业革命正在全球范围内有序地进行，这次革命将极大地提高世界生产力水平，加速世界经济的恢复和发展；将重塑人类生产和生活方式，给人类社会带来广泛而深远的影响。本章重点阐述第三次工业革命的本质、核心及发展趋势，第三次工业革命对经济社会的影响，以及对主要国家和地区能源战略的影响。

一、第三次工业革命本质、核心及发展趋势

（一）关于第三次工业革命的思考

目前对第三次工业革命的认识有两种最主要的观点：①第三次工业革命是以信息控制技术为核心的革命；②第三次工业革命是以互联网和可再生能源相结合为基础的革命。

事实上，能源互联网是解决化石能源危机与环境污染问题的途径之一。一方面，它的建设与发展主要依靠信息科学与技术、新材料科学与技术、新能源科学与技术等科学和技术的应用；另一方面，发展可再生能源的主要目的是满足人类日益增长的物质生活和精神生活的需求，而满足这个需求，也离不开信息科学与技术、新材料科学与技术、新能源科学与技术以及生命科学与技术的发展。基于此，我们认为上述两种观点是相辅相成的。

工业革命是一个过程，是科技革命的必然结果。英国以蒸汽机发明为主要标志的科技革命，使资本主义生产从人力生产迅速过渡

到机器大工业生产，并推动欧洲各国相继完成了第一次工业革命，为资本主义生产方式的建立奠定了雄厚的物质基础。以电力发明为标志的第二次工业革命，使电力成为新的直接动力，社会生产力再一次得到迅猛发展，随之而来的是经济、政治、社会的全面嬗变。第三次工业革命也是一个过程。当人类面临资源枯竭、全球气候变暖、生态环境恶化和经济衰退等问题，认识到新技术与新能源的融合能够化解这些危机，使人类需求得到进一步满足时，实现能源生产消费革命便成为不二的选择。

由此，我们把第三次工业革命定义为：信息技术、新材料技术、新能源技术、空间技术、海洋技术等新技术不断创新并迅速被应用于工业生产中，实现从提高劳动力效率到提高资源利用率的转变的过程，在这个过程中，特别要解决人类的可持续发展问题。

（二）第三次工业革命本质与核心

第三次工业革命的本质是：在第二次工业革命以来已经形成的技术和经济基础上，为了满足人类对物质生活和精神生活日益提高的需求，在市场机制的作用下，不断开展新技术的创新，并将之迅速应用于工业生产中，实现从提高劳动力效率到提高资源利用率的转变，在这个过程中，尤其要解决人类的可持续发展问题。第三次工业革命的核心是：它以信息技术、新材料技术、新能源技术和生物技术等诸多领域的技术革命为先导，以数字化制造、互联网、新材料、新能源和空间技术、海洋技术的广泛应用以及基于新兴信息技术的商业模式创新为主要标志，实现新技术与新能源的融合；它将极大地延伸人类智慧，拓展人类的活动范围，促进人类生产方式、生活方式和思维方式的重大变革。

（三）第三次工业革命的发展趋势

第三次工业革命将推动工业化和信息化的融合，使制造技术向数字化和智能化方向快速发展，从而改变工业的生产方式，重塑制造业格局，即数字化制造格局。

第三次工业革命将实现能源生产与消费由集中式向分布式转变，由此将转变能源供需模式，提高能源利用效率，改善生态环境，实现人类可持续发展。

第三次工业革命将促使信息技术全面融入能源体系，从而极大地提高人类探索自然的能力，促进空间技术和海洋技术等诸多领域高速发展，进一步拓展人类的活动空间。

第三次工业革命将呈现生产与消费个性化、分布式、微型化的趋势，并将深入渗透到人类的政治生活、经济社会、社会生活和家庭生活中，改变人类的生活方式和思维方式。

二、第三次工业革命对经济社会发展的影响

（一）第三次工业革命对全球经济发展的影响

1. 智能化制造成为新的经济增长点

智能设备上的相关投入和新能源的大规模生产与消费，将拓宽生产力发展新空间，创造经济社会发展新供给，满足人类新需求，成为新的经济增长点。

2. 制造业和服务业深度融合

服务业对制造业的支撑作用将得到强化，与制造业相关的生产性服务业将成为制造业的一种主要形式。制造业和服务业的深度融合，使发达国家在高端服务业领域内的领先优势进一步加强。

3. 传统的规模经济面临严峻挑战

"大规模生产"转向"大规模定制"是指产品的种类大幅增加，由供给方为主导的传统方式将逐渐弱化，用于满足消费者个性化需求的新的生产方式将更为广泛，用户的创新、创意在产业发展中发挥的作用逐渐加强，使依赖规模经济降低成本的竞争战略受到空前挑战。

4. 世界经济地理重塑加速

发达国家拥有技术、资本和市场等先发优势，更有可能享受国家间产业结构调整的"结构红利"，制造业重心向其偏移是不争趋势；新兴经济体若不能抢占新能源、新技术的市场先机，可能面临被边缘化的困境；发展中国家试图通过低要素成本大规模生产同质产品的比较优势可能会丧失。

5. 发展中国家也有机遇

新能源作为一种不能移动的本地资源，大家都可以控制能源、开发能源，从而成为能源的主人，这是当今全球能源治理框架下建立的新的能源秩序。这一新秩序将弱化少数工业巨头对能源生产和分配的控制。发展中国家可以借此发展能源产业，带动相关产业发展，逐步走向富裕。

（二）第三次工业革命对全球社会发展的影响

1. "全球问题"共识增强

能源匮乏、环境污染、温室效应是人类面临的共同挑战，也称"全球问题"。通过第三次工业革命，希望实现能源生产消费革命，保障经济社会发展的可持续性，维护人类生存和发展基本权利的共识日趋增强。

2. 合作胜于竞争

分布式能源系统将减少工业巨头对能源生产和分配的垄断，形成水平分布和网络扩散式的合作性能源开发与使用架构。它需要世界各国利用网络，构建企业间竞争协同的新型关系；需要在制定合作框架、鼓励合作的同时，尊重各行各业甚至每个人所发挥的不同作用，建立起一种以"能源和谐"为标志的新型经济社会关系。

3. 就业前景乐观

制造业与服务业的深度融合，需要越来越多的劳动力为生产制造活动提供服务，这是未来就业结构发展的主要趋势。例如，欧盟的目标是使大部分建筑变成可以生产能源的微型发电厂。当每栋建筑都根据自己不同的特点生产电力时，将会出现一些新公司，这些公司的功能就是提供将建筑改造成个人电站的服务，从而创造出数以百万计的新工作机会。

4. 教育理念更新

新的教育理念把培养高技能专业服务提供者的教育视为教育体系的重心，采取多种手段，通过各种途径，培养适应第三次工业革命需要的高素质劳动者和高端创新型人才。

（三）第三次工业革命对我国经济社会发展的影响

1. 第三次工业革命与加快转变经济发展方式

尽快依托以技术创新为驱动的内涵发展方式支撑发展。要改变能源生产消费的外延拓展方式，加快新能源技术创新步伐，实现能源转换、储存、分享、应用等要素协同发展，形成以能源技术创新为驱动的能源生产消费内涵发展方式。

更多地依靠先进科技与生产制造的融合带动发展。要突破支撑制造业"数字化"的关键技术，促进产业转型升级，提高能源生产、消费的智能化水平，促进我国从能源大国向能源强国转变。

加紧依赖科学、绿色、低碳推动发展。要促使可再生能源大规模生产和使用，努力形成科学、绿色、低碳的能源生产消费模式，促进工业化、信息化、城镇化、农业现代化与生态文明协调发展。

2. 第三次工业革命与推进经济结构战略性调整

加快重塑二、三产业关系。要努力提高服务业在三大产业中的比重，尤其要大力发展现代服务业，强化服务业对制造业的支撑。

加快构建战略性新兴产业体系。要继续高度关注世界范围内战略性新兴产业的发展态势及走向，对战略性新兴产业发展的条件和变化有足够的准备。

加快革新能源消费方式。要充分利用第三次工业革命的机遇，依托信息、控制和储能等先进技术，推进储能产业化，实现能源绿色消费。

3. 第三次工业革命与信息化和工业化的深度融合

信息化和工业化深度融合是第三次工业革命的题中应有之义。第三次工业革命的核心动力是信息技术创新并迅速应用于工业生产中。信息化与工业化融合将引领人类生产方式的新变革，并将成为一种全面、动态、优化的能源生产消费方式。

信息化和工业化深度融合的出发点和落脚点是增强企业核心竞争力。"两化"深度融合加速了制造业生产组织体系的重构；提供了破解能源环境约束的途径；夯实了高端制造业发展的基础；推进了中国制造业融入全球的步伐。

信息化和工业化深度融合的主攻方向是加快构建战略性新兴产业体系。信息技术可以全面提升企业研发设计创新能力，提高装备工业水平，增加产品附加值，实现与服务业深度融合，加速推进生产服务业的发展。信息化和工业化的融合是培养战略性新兴产业和新业态的催化剂。

4. 第三次工业革命与创新驱动发展

技术创新是第三次工业革命的动力引擎。必须坚持创新驱动发展战略，对能源技术的最新成果保持高度的敏锐性，对具有颠覆性的能源技术保持紧密的追踪性，对能源技术产业化转化保持超长的时效性。

生产方式创新是第三次工业革命的必然要求。分布式能源发展方式将改变集中生产、分散消费的能源消耗方式，能源生产可以在局部地区经营，这种生产方式能为新能源提供生长环境。

管理创新是第三次工业革命的有力保障。要加快政府职能转变，大幅度减少前置性行政审批，充分发挥市场在能源生产消费中的决定性作用。国家能源主管部门要提高能源发展大趋势研判、战略决策、规划，以及政策前导性引导水平；要为提升集成创新水平，增强创新体系整体效能而提高统筹协调能力；要为提高科技成果产业化转化水平提供平台、创造条件。

5. 第三次工业革命与资源节约型、环境友好型社会建设

依托技术创新，支撑资源节约型、环境友好型社会建设。资源节约型社会和环境友好型社会目标的实现都依赖技术创新。美国提出的"再工业化"不是简单的"实业回归"，而是对以往传统工业化的扬弃，其实质是以高新技术为依托，发展高附加值的制造业，重新建立拥有强大竞争力的新工业体系。

依靠制度创新，保障资源节约型、环境友好型社会建设。通过制度创新努力做到：实现个体理性向集体理性的收敛，形成人与自然和谐发展的共有信念；建立完善的法律法规和制度体系、政策支持体系、技术创新体系和激励约束机制，形成低投入、低消耗、低排放和高效率的节约型发展方式；唤起公众的节约意识和环保意识，让足够的认知成为自觉的行动，以提升整个社会的环境责任感。

6. 第三次工业革命与开放型经济体系建设

把握国际能源市场变化态势，拓展国际化能源市场空间。要敏锐捕捉国际能源市场变化态势，统筹好国际、国内两个市场，运用好两种资源，努力拓展国际化能源市场空间；要准确把握合作机遇，在开放的格局中维护国家能源安全，在推动建立国际能源新秩序的过程中实现能源方面的合作共赢。

强化能源国际合作，提高能源国际化合作水平。习近平主席提议的上海合作组织能源俱乐部的成立，中国（上海）自由贸易试验区的获批和建立，提供了拓宽能源国际合作形式和渠道的理念、模式。要全力打

造由政府、各类企业、行业协会、科研机构、高等学府等共同参与能源合作的格局。要不断拓展能源合作领域，特别注重可再生能源生产消费技术、机械装备等方面的国际合作。要不断扩大能源合作对象和深化能源合作内容，并为不断完善新能源国际合作对话机制作贡献。

坚持能源"走出去"和"引进来"战略，提升能源开放水平。积极开展能源外交，加强能源国际合作，需要提升能源"走出去"和"引进来"水平，既要积极主动地吸引国外资金、先进能源技术和装备，又要加快中国企业、人力、物力、财力"走出去"的步伐。

三、第三次工业革命对主要国家和地区能源战略的影响

面对化石能源日益枯竭、生态环境不断恶化、全球经济危机爆发等一系列问题，以信息技术、新材料技术、新能源技术等科学技术为主要特征的第三次工业革命对世界能源生产和消费正产生新的影响。首先，世界化石能源的勘探开发逐渐转向海洋和非常规油气。其次，可再生能源的发展呈现出新的特点。在这种背景下，世界主要发达国家和地区的能源战略也呈现出新的态势：美国的"页岩气革命"改变了美国的能源消费结构，其能源战略由供给多样化向清洁能源战略转变；欧盟进一步推进可再生能源立法保障和技术研发，逐步形成以创建欧洲共同市场为基础的可再生能源发展战略；日本遭受核事故后，大力发展太阳能，能源战略由核能立国向多元可再生能源战略转变；俄罗斯确立了立足独联体，巩固欧洲，拓展亚太，进军拉美、中东和非洲地区全方位的能源外交战略。

（一）美国能源战略由供给多样化向清洁能源战略转变

1. 美国能源战略发展过程

美国既是能源消费大国同时也是资源大国。自1948年开始从中东进口石油后，美国一跃成为世界头号石油消费国和进口国，石油对外依存度逐年攀升。在第三次工业革命进程中，美国能源战略发生了

重大转变：保证国内石油供给安全→实现能源供应多元化，降低石油依赖度→发展清洁能源，实现能源结构转型。表 1-1 给出了美国能源战略演变过程，其中，以页岩气为代表的非常规油气的开发是美国能源革命成功的决定性因素。

表 1-1　美国能源战略一览表

时间和战略	具有代表性的能源政策	战略特点
第一阶段 （1970~2000 年）： 能源供给安全战略	《1975 年能源政策与节约法》； 《1992 年能源政策法案》	在石油危机时期实施价格管制以稳定经济，危机后鼓励国民节约石油消费、提高石油能效标准、减少石油发电，通过重建石油市场管理石油供需，辅以财税补贴发展替代能源来降低石油消费总量，保证国内能源供应安全
第二阶段 （2001~2008 年）： 能源供应多样化战略	《2005 年能源政策法案》； 《2007 年能源独立和安全法案》	包括能源品种多元化和能源来源多元化。对于能源品种多元化，美国一方面鼓励增加化石燃料、水电、核电、可再生能源等各种已有主流能源的供应，另一方面致力于开发新一代能源技术，包括氢能、核能、聚变能；对于能源来源多元化，美国鼓励开发国内资源和能源节约
第三阶段 （2009 年至今）： 清洁能源战略	2009 年《美国清洁能源与安全法案》； 2011 年《能源安全未来蓝图》	油气开发回归美国本土，确保美国能源供应安全；推广节能减排，削减美国能源消费；激发创新精神，加快发展清洁能源

2. 美国"页岩气革命"的影响

随着水压裂技术、水平井技术相继突破，以及工厂化生产管理，加上美国政府财税政策的激励，2005 年以来美国页岩气产量迅速增加，爆发了"页岩气革命"。美国的"页岩气革命"大幅提高了美国能源自给率，助推美国实现能源独立的梦想，同时也对世界军事、政治与经济带来了深远的影响。

1）改变了美国的能源消费结构

石油和煤炭的消费比重逐年减少，天然气和可再生能源的消费比重缓慢增长，如图 1-1 所示。

2）降低了美国能源对外依存度

石油、天然气以及一次能源对外依存度逐年下降，2012 年美国已经实现 83%以上的能源自给，如图 1-2 所示。

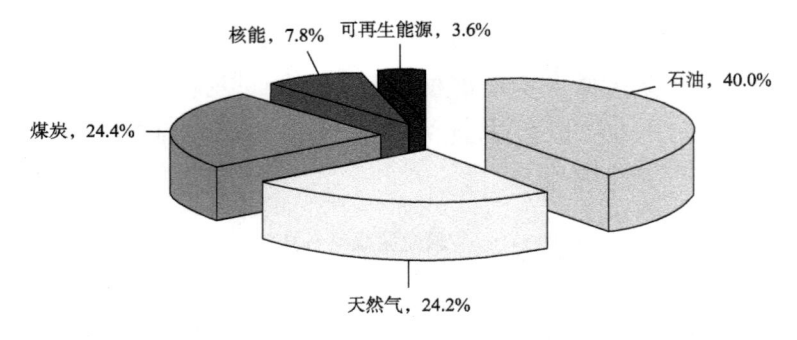

（a）2005年美国一次能源消费结构

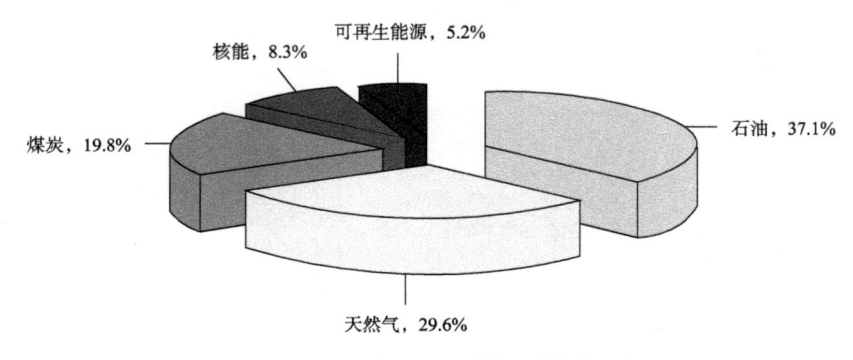

（b）2012年美国一次能源消费结构

图1-1 美国一次能源消费结构

资料来源：《BP能源统计年鉴2013》

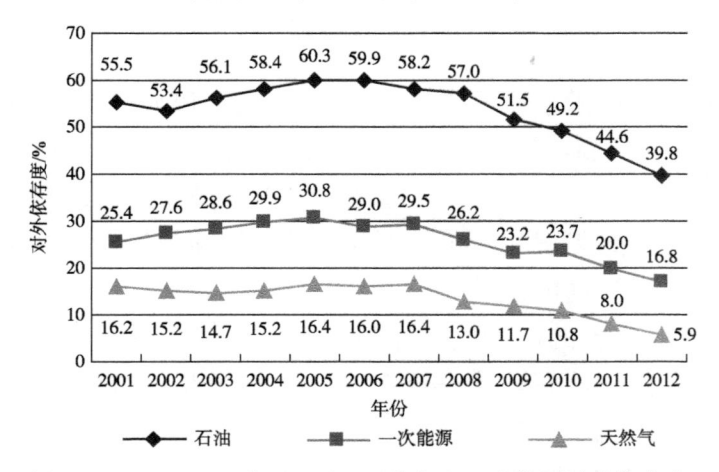

图1-2 2001~2012美国石油、天然气和一次能源对外依存度

资料来源：根据美国能源信息署（Energy Information Agency，EIA）数据计算得到

3）改变了全球油气市场格局

一是加快了全球油气生产中心西移、消费中心东移的趋势，使得全球油气市场竞争越来越激烈，世界天然气市场迎来新的发展时期。二是美国和俄罗斯地位的变化。2009~2011年，美国天然气产量连续三年超过俄罗斯成为世界第一大天然气生产国，美国凭借资源主导优势在能源外交和巩固政治霸权方面有了话语权，而俄罗斯的战略影响力明显降低。

3. 美国能源战略对中国的启示

面对我国石油对外依存度不断攀升、能源安全问题日益突出的现实，美国的能源战略对我国能源政策的制定无疑有诸多启示，突出表现在以下两个方面：第一，加强能源立法，完善相应法规，为能源发展提供法律保障。第二，发展页岩气。技术虽然重要，但更重要的还是机制体制问题。我国政府应该建立完善的政策体系，允许民营企业进入市场，出台专门支持页岩气勘探开发的税收优惠和补贴等财政税收政策，调动社会各方开采页岩气的积极性。在引进技术的同时，应加大自主创新的力度，突破页岩气勘探开采中的关键技术。

（二）欧盟以创建欧洲共同市场为基础的可再生能源发展战略

1. 欧盟能源战略发展过程

欧盟是世界上规模最大的区域经济一体化组织，同时也是当今世界第一大能源进口区和全球第二大能源消费区。欧盟不仅有很高的能源对外依存度，而且能源进口主要集中在少数国家。进口来源的高度集中对欧盟能源供给安全造成了严重威胁。21世纪以来，全球能源需求猛增、气候变暖、环境污染等可持续发展问题日益突出，欧盟成为第三次工业革命的引领者，其能源战略从单纯应对供应中断和油价暴涨为目标的消极防范性战略，发展到供应安全、竞争力和可持续发展三重目标互动的综合可持续战略，最终形成了以清洁能源和可持续发展为核心,迈向低碳经济的宏伟蓝图。表 1-2 给出了欧盟能源战略演变过程,在这个过程中,欧盟可再生能源的发展最具代表性。

表 1-2 欧盟能源战略一览表

时间和战略	具有代表性的能源政策及其目标
第一阶段 (1973~1985年): 供应安全能源战略	1974 年《关于 1985 年共同体能源政策目标的决议》:大幅度减少对进口石油的过度依赖,标志着以供应安全为目标的共同体能源战略初步确立 1980 年《关于 1990 年能源目标及成员国政策趋同的决议》:使经济增长与能源消费增长脱钩,标志着共同体能源安全理念的深化
第二阶段 (1986~1999年): 可持续能源战略初步形成	1986 年《关于 1995 年共同体能源目标的决议》:使消费者能够以令人满意的经济条件拥有充足、安全的能源供应 1995 年《欧洲能源政策》白皮书,提出了总体竞争力、供应安全和环境保护三个目标,标志着欧盟可持续能源战略初步确立
第三阶段 (2000~2009年): 可持续能源战略的成熟期	2000 年《迈向欧洲能源供应安全战略》绿皮书:确保所有消费者(家庭和企业)能够在市场上以支付得起的价格不间断地获得能源产品;同时尊重环境关切、追求可持续发展 2006 年《欧洲可持续、竞争和安全的能源战略》绿皮书,提出了欧盟能源战略的三大目标——可持续性、竞争性和供应安全,这标志着欧盟多重目标互动的综合性可持续能源战略日趋成熟 2007 年《欧洲能源政策》:到 2020 年减排 20%,增加可再生能源 20%,节能增效 20%
第四阶段 (2010年至今): 发展低碳经济	2010 年《能源 2020:具有竞争力的、可持续的和安全的能源战略》:以保障欧盟能源安全供应和应对气候变化为目标,以能源节约为主线,以建设节能欧洲、整合欧洲能源市场、鼓励技术创新、拓展国际交流等为基本框架 2011 年《2050 迈向具有竞争力的低碳经济路线图》:2050 年实现在 1990 年基础上减少 80%~95%的温室气体排放,并在实现温室气体排放目标的同时,还要确保能源行业的竞争力和能源供应的安全性

资料来源:冯建中. 欧盟能源战略——走向低碳经济[M]. 北京:时事出版社,2010

2. 欧盟可再生能源发展现状

第三次工业革命归根结底是一场能源革命,能源系统变革的主要趋势是从化石燃料结构向可再生能源结构转变。欧盟是世界上发展可再生能源最早、取得成就最显著的区域。2008 年 12 月欧盟高峰会议以"可再生能源指令"的形式通过了"20-20-20"战略,即到 2020 年温室气体排放量将在 1990 年基础上减少 20%;可再生能源占总能源消费的比例将在 2008 年 8.2%的基础上提高到 20%;能源利用效率将提高 20%。为了保障和监督"20-20-20"战略目标的实现,欧盟将该目标在成员国之间进行了分解(表 1-3),并要求各国启动立法程序保障相关目标的实现。

表 1-3　欧盟 27 国 2020 年可再生能源发展目标（单位：%）

成员国	2005 年可再生能源比例	2020 年可再生能源比例	成员国	2005 年可再生能源比例	2020 年可再生能源比例
奥地利	23.3	34	拉脱维亚	34.9	42
比利时	2.2	13	立陶宛	15.0	23
保加利亚	9.4	16	卢森堡	0.9	11
塞浦路斯	2.9	13	马耳他	0	10
捷克共和国	6.1	13	荷兰	2.4	14
丹麦	17.0	30	波兰	7.2	15
爱沙尼亚	18.0	25	葡萄牙	20.5	31
芬兰	28.5	38	罗马尼亚	17.8	24
法国	10.3	23	斯洛伐克	6.7	14
德国	5.8	18	斯洛文尼亚	16.0	25
希腊	6.9	18	西班牙	8.7	20
匈牙利	4.3	13	瑞典	39.8	49
爱尔兰	3.1	16	英国	1.3	15
意大利	5.2	17			

资料来源：http://www.euractiv.com/en/energy/eu-renewable-energy-policy/article-117536

可再生能源最重要的应用领域是发电。截至 2011 年年底，欧盟可再生能源发电装机容量已占总装机容量的 31.1%。欧盟可再生能源的发展以风能和太阳能发电为主。2012 年，德国是欧盟风电装机容量最大的国家，也是欧盟最大的光伏发电市场。

3. 欧盟能源战略对中国的启示

欧盟指令立法的雄心和前瞻性在于希望将可再生能源作为传统能源的替代。尤其是德国在可再生能源发展的目标、政策和立法方面卓有成效，其可再生能源研发和利用处于世界领先水平。我国可以从以下三方面借鉴其经验：第一，通过立法保障中央政策的稳定性与连续性。第二，通过立法确保技术优先。通过法律法规和政策促进推动可再生能源的科技开发，促进产学研相结合，推进技术向市场的快速转化，加强中国企业在全球市场的科技领导力，在可再生能源领域由技术输入国转变为技术输出国。第三，立法应注重运用市场经济手段，加大激励力度（刘莹和李金凤，2012）。

（三）日本能源战略由核能立国向多元可再生能源战略转变

1. 日本能源战略发展过程

日本是一个高度工业化的国家，随着日本经济的高速增长，其能源需求与日俱增。从 20 世纪 60 年代末到 21 世纪初期，日本一次能源消费量一直占世界能源消费总量的 5% 以上，是位居美国、中国和俄罗斯之后的第四大能源消费国。但日本国土面积狭小，石油、天然气、煤炭等主要能源资源匮乏，其石油、天然气、煤炭的进口依存度分别高达 99.7%、96.6%、97.7%，其能源战略一直围绕降低对石油的依存度而展开。在第三次工业革命的推动下，日本的核电技术和可再生能源研发技术得到快速发展，然而 2011 年的福岛核事故使得日本核电严重受挫，因此大力发展太阳能、海上风力、地热能、生物质能、潮汐能等可再生能源成为日本新的能源战略。表 1-4 给出了日本各个阶段具有代表性的能源政策与法规。

表 1-4　日本能源战略演变过程

时间和战略	具有代表性的能源政策与法规
第一阶段 （1974~2005 年）： 能源多样化 与能源节约并重	1974 年，提出"新能源技术开发计划"（即"阳光计划"），1978 年和 1989 年分别提出"节能技术开发计划"和"环境保护技术开发计划"。1993 年将上述三个计划合并为"新阳光计划"，还投入巨资开发利用太阳能、风能、光能、氢能等新能源 1979 年，制定《节约能源法》，1998 年进行修改 2002 年，出台基于"确保供应、环境友好、市场导向"3 个基本方针的《能源政策基本法》
第二阶段 （2006~2011 年）： 核能立国、油气 补充	2006 年 5 月，出台《新国家能源战略》，明确提出到 2030 年实现石油占一次能源消费总量的比例降低到 40% 以下，核电所占比例提高到 30%~40% 2010 年 3 月，出台《能源基本计划》修正草案，提出重点发展以核电为主的低碳电源，到 2030 年至少增加 14 座核电站，核电在日本供电中的比重提至 53%，核电站利用率从现在的 60% 提高到 90%
第三阶段 （2011 年至今）： 大力发展可再生 能源	2011 年 8 月，通过《可再生能源特别措施法案》，规定电力公司有义务购买个人和企业利用太阳能、风力和地热等方式生产的电力，以鼓励并普及可再生能源发电 2011 年 10 月，通过《关于电气事业者采购可再生能源电气的特别措施法》，规定了新的"固定价格收购可再生能源的制度" 2012 年 9 月，日本内阁批准新的能源发展规划，降低对核能的依赖，目标是 2030 年可再生能源在能源结构中的比例提高到 30%

2. 日本太阳能发展新动态

由于自身能源资源匮乏，日本是最早重视发展新能源的国家之一，尤其是对太阳能的开发利用。1994年以来，随着日本政府对住宅太阳能发电系统补贴政策的实施、终止和恢复，日本太阳能产业经历了快速发展（1994~2004年）—乏力增长（2005~2008年）—快速增长（2009~2012年）三个阶段。1994~2004年日本太阳能发电装机容量一直居世界首位，2005年被德国赶超，位居世界第二，如图1-3所示；2008年被西班牙赶超，位居世界第三；2011年再次超过西班牙，位居世界第二，如图1-4所示。

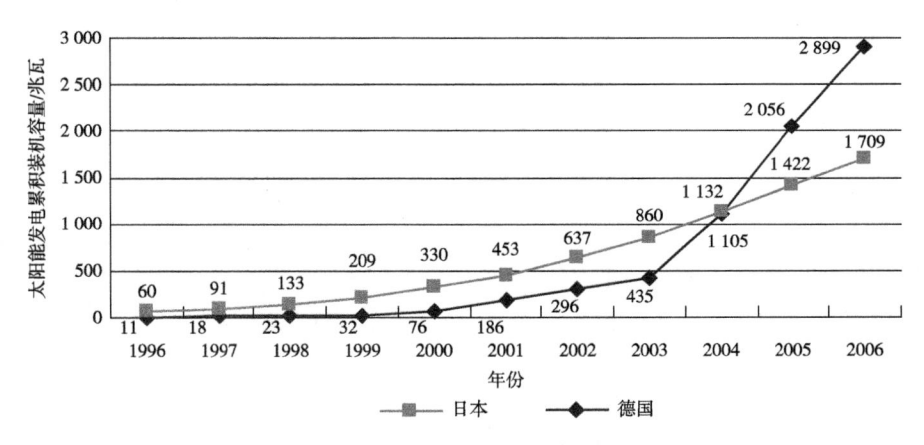

图1-3　1996~2006年日本和德国太阳能发电累积装机容量
资料来源：《BP世界能源统计年鉴2013》

福岛核危机后，2011年8月日本国会通过了《可再生能源特别措施法案》，提出以可再生能源代替核能的能源战略计划。2012年，日本宣布对太阳能发电设施追加投资12.1万亿日元，并颁布了新的补贴政策，公布了2012年7月之后将实行的可再生能源上网电价补贴政策。在此政策的推动下，2012年，日本太阳能发电装机容量达到6914兆瓦，同比增长40.7%；太阳能电池全球出货量达到4471兆瓦，同比增长66.5%，其中国内出货量为3809兆瓦，占总出货量的85.2%，是2011年的2.7倍。在核能受挫、电力严重短缺的情况下，日本政府积极推广太阳能发电技术，日本太阳能产业迎来了第三次快速发展。

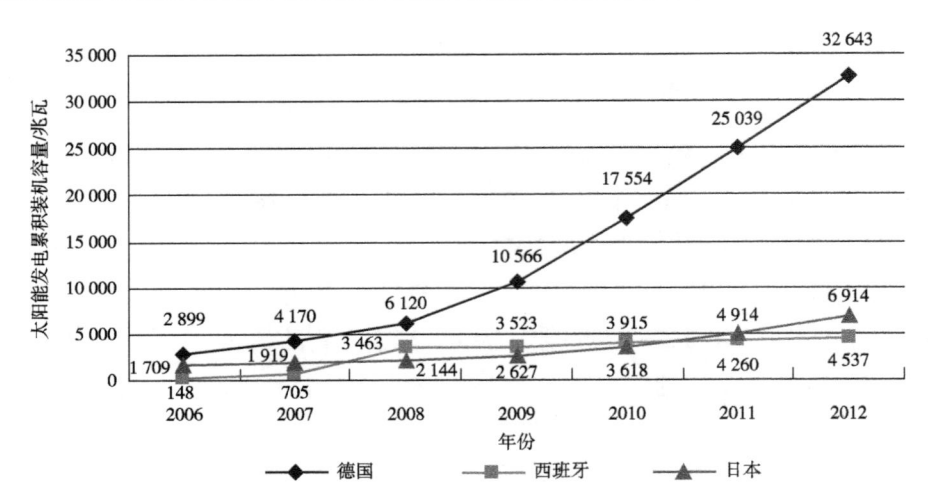

图 1-4　2006~2012 年德国、西班牙、日本太阳能发电累积装机容量
资料来源:《BP 世界能源统计年鉴 2013》

3. 日本能源战略对中国的启示

日本作为资源贫瘠的能源消耗大国，其能源战略对能源消耗日益增长的中国有着借鉴作用，突出表现在以下两个方面：第一，实施"官民并举"机制，提高能源利用效率，建立节能社会。第二，推广可再生能源。在太阳能补贴政策、税收政策、净电表制度、太阳能发电固定价格制度等方面可以借鉴日本有关经验。

（四）俄罗斯能源外交重心转移

1. 俄罗斯能源战略发展过程

俄罗斯幅员辽阔，地跨欧亚，拥有丰富的能源资源。20 世纪初，俄国的石油产量超过美国，位居世界第一，成为世界上最大的石油输出国。苏联时期，石油被当成一种外交工具，发挥杠杆作用，从而获取政治、经济利益。苏联解体后，几届俄罗斯政府便以追求国家利益最大化为核心的能源外交战略手段实现国家经济复兴，庞大的油气资源储量及其生产、出口能力不仅是俄罗斯复兴经济的重要支撑点，也使其在国际能源格局中占据了重要的地位。在第三次工业革命浪潮的推动下，世界各国的能源战略都呈现出新的态势，作为世界第一大能源输出国,俄罗斯的能源外交战略也表现出新的进步,开始转向对非常规能源的开发利用(方婷婷,2012)。表 1-5 给出了俄罗斯能源战略发展过程。

表 1-5 俄罗斯能源战略发展过程

时间特征	主要特点或具有代表性的能源政策与法规
叶利钦时期:1991~1999年(能源外交战略初步形成)	1992 年 10 月,通过《新经济条件下俄罗斯能源政策的基本构想》,这是俄独立以后第一个比较系统的关于能源政策的文件 1995 年 7 月,通过《2010 年前俄罗斯联邦能源战略基本方向》,强调在遵守国际机制的前提下,积极拓展海外能源市场,尤其是在独联体组织框架下发展双边能源合作 1997 年 4 月和 8 月,分别批准《自然垄断领域结构改革基本原则》和《关于自然垄断领域的结构性改革、私有化和加强监控的措施纲要》
普京时期:2000~2008 年(能源外交战略确定)	2000 年 11 月,批准《2020 年前俄罗斯能源战略基本原则》,体现了市场经济的特征 2003 年 5 月,颁布《2020 年前俄罗斯能源战略》,明确指出能源对俄罗斯的重要性,并确定了能源外交的核心是为国家利益服务 2007 年 9 月,批准《东部天然气规划》,旨在 2030 年前建立完整的天然气生产、集输和供应系统,在提高东西伯利亚和远东地区气化率的同时,实现俄天然气出口市场多元化,增加出口收益
梅德韦杰夫和普京时期:2009 年以后(能源外交战略深化)	2009 年 11 月,正式批准《2030 年前俄罗斯能源战略》,其战略目标是:最有效地利用自身的能源资源潜力,强化俄罗斯在世界能源市场中的地位,实现国家利益最大化。《2030 年前俄罗斯能源战略》指出,燃料能源部门将按三个阶段发展,主要目标将是从常规的石油、天然气、煤炭等转向非常规的核能、太阳能和风能等,这是俄罗斯能源战略进取精神的重要体现

资料来源:孙永祥. 俄罗斯:2030 年前的能源战略[J]. 中国石油石化,2009,(18):52-53

2. 俄罗斯能源外交的区域特点

俄罗斯政府通过不断调整能源外交战略谋取地缘经济和政治利益,力图恢复俄罗斯作为世界大国的影响力,从而逐渐形成了以实现能源出口多元化为目的,以追求国家利益最大化为宗旨的能源外交战略。其中,能源发展战略的地区取向一直是俄罗斯能源外交战略的一个重要特点,即确立了立足独联体,巩固欧洲,拓展亚太,进军拉美、中东和非洲地区全方位的能源外交战略,这一取向具有强烈的地缘政治、地缘经济的特征。

3. 俄罗斯能源战略对中国的启示

俄罗斯在追求经济复苏的过程中,充分利用能源资源优势,制定能源外交战略,取得了令人瞩目的成绩。对比我国实际情况,主要可以得到以下两点启示：第一，制定我国中长期能源外交战略。立足国际能源大格局，大力加强能源外交及对能源外交理论的研究，制定与我国能源发展战略相配套的能源外交战略。第二，积极推动制定对我国有利的国际能源规则。国际能源秩序是影响各国能源利益的重要因素。与俄罗斯相比，我国不具有能源出口优势，但我国可以通过积极务实的能源外交，辅以灵活的外交政策，充分利用经济大国的地位，在当前国际能源秩序中谋求合适的地位。

第二章　第三次工业革命对中国能源生产消费的影响

第三次工业革命带来的巨大进步，将推动我国经济、科技、社会全面向前发展，尤其会对当前制约我国经济社会发展的能源生产和消费产生革命性的影响。本章研究认为，从能源生产方面而言，化石能源开发利用的技术水平将稳步提升，极大地缓解化石能源枯竭和燃烧造成的环境压力，拓展化石能源供应新的增长点，提高其竞争力，非化石能源的发展将促进能源生产模式由大规模集中模式向分散模式转化，促进能源生产的多元化结构逐步升级，智能电网的发展则将提高能源有序配置的能力。从能源消费方面而言，智能制造技术的发展将为工业能源消费终端提供新的节能空间，绿色智能建筑的发展将进一步降低建筑物的运行能耗，智能交通的发展则将改变并逐步优化交通运输工具的耗能结构。

一、化石能源供应呈现新的增长点和竞争力

化石能源供需有关的工程都非常复杂，技术往往涉及能源化工、电力、装备制造、地质与环境等多个领域，第三次工业革命带来的新技术、新材料等为化石能源技术进步提供了保证。

（一）化石能源技术水平不断提升

2012年以来，全球近49%的油气储量勘探活动是在超深水海域进行的，近28%的储量位于深水海域，深水环境下特殊的地质状况、复杂的井深结构、特殊的操作技术使得深水油气资源的勘探开发面临一

系列技术和装备的巨大挑战（白云程等，2008），信息技术、智能制造技术等的飞速发展，正在为海洋化石能源勘探开发技术和装备的突破带来机遇，将大大提高化石能源的供应能力。目前最大的超深水钻井船储量为100万桶原油，可在3 000米以上的深水作业，钻井深度超过万米，船上装有世界上最先进的DP-3全方位动力定位系统，可以保证船体在17级台风等恶劣海况下平稳运行。

作为海洋天然气工业变革者的浮动液化天然气（liquefied natural gas，LNG）技术，将显著减少海洋天然气田开发的成本和环境足迹。这种技术不需要太长的管线、不需要将天然气输送至岸上的平台、不需要建设码头或陆上设施。世界首座浮动LNG生产装置已于2012年启动，我国惠生集团旗下的惠生海洋工程有限公司与比利时埃克斯马集团签署了一份浮式LNG液化再气化存储装置项目总承包合同。该项目位于哥伦比亚加勒比海岸，并于2014年第四季度开始商业运营。

M2M（machine-to-machine，即机器对机器通信技术），可以实现远程监控，从坑口生产到运输过程一并呈现在操作者眼底；便于运输车队的调度，并可有效降低工人事故率，对一些开采爆破进行更好的检测。这种技术综合数据采集、GPS（global positioning system，即全球定位系统）、远程监控、信息技术，能够使业务流程自动化，集成公司资讯科技（IT）系统和非IT设备的实时状态，并创造增值服务。同时，该技术也会大量用于勘探过程中的数据采集以及卫星传导。未来，M2M技术在石油天然气生产中的使用率将远远高出其在智能电网中的应用。

（二）化石能源开发技术进步提高能源供应能力

新的能源勘探与开采技术不仅使能源枯竭预测期大大推迟，新的储量不断被探明，以往在经济和技术上不具备开采价值的储量逐步变成可开采储量。技术进步同时对能源供应结构产生巨大冲击，尤其以美国为首的"页岩气革命"，不仅使美国能源供应结构发生了巨大改变，甚至对全球能源版图将产生深远的影响，并再一次将化石能源枯竭担忧推后。

全球海洋油气资源勘探开发技术所发生的巨大进步，以及由此推动的全球油气开发朝海洋发展的趋势，为我国海洋油气资源开发利用迎来了最佳的发展机遇。我国目前石油资源量为1 072.7亿吨，其中海洋石油246亿吨，占总量的23%，海洋天然气占总量的30%。据国土资源部初步统计，我国海洋油气资源探明率仅有12%（曹勇，2012），我国海洋油气勘探目前主要集中在渤海近海，但南海蕴藏量更大，因为主要在深海，受技术限制，目前勘探较少。目前我国海上油田平均深度只有69米，我国海洋石油技术装备在钻探最大水深、投产油田最大水深、铺管最大水深和深水作业起重能力四个方面的指标与国外先进技术差距很大。以信息技术为特征的第三次工业革命为海洋化石能源勘探开发技术突破带来了前所未有的机遇。

以致密气和页岩气为代表的非常规油气将成为重要补充力量。我国页岩气埋藏地质条件不同于美国成功开发的地质条件，因此难以直接应用北美成熟技术，另外北美技术也需改进完善，我国也并未完全掌握国外较成熟的技术。因此页岩气开发的限制仍是技术问题，大规模商业化开采只是时间问题。

"十一五"以来随着一批大面积分布的中低丰度致密砂岩气藏的发现和压裂工艺技术的突破，孔隙型致密砂岩气获得工业气流，储量和产量快速增长，一批致密砂岩气田的投入开发带动了我国致密气领域的快速发展。苏里格气田是我国首个投入大规模开发的致密砂岩气田，直井分层压裂技术、低成本的钻完井和地面集输工艺、密井网井间接替的开发策略是其实现规模有效开发的关键技术。我国致密砂岩气储集层薄、丰度低，为了提高储量动用程度和采收率，需要研究井网加密技术和加密方式，同时探索直井、水平井、多分支水平井多种井型混合井网的配套开发工程技术。另外，致密气藏开发后期多面临低压开采、井底积液等问题（何光怀等，2011），需要进行配套的低压开采、增压开采和排水采气等完善的提高采收率技术来延长气井寿命、提高采出程度（马新华等，2012）。虽然我国致密气规模开发技术已基本过关，煤层气也初步实现了地面工业化生产，但页岩气处于起步阶段，问题还较多，不过有关专家对我国近中期这些领域的关键技术突破是有信心的，从中期而言（2020年或2030年），我国致密气的开发利用要比页岩气更加可靠。

（三）清洁高效的利用技术赋予了化石能源新的竞争力

由于技术、资金、习惯等各方面因素限制，全球正在大力推广可再生能源，但短期内可再生能源的开发利用技术难以取得突破性进展、经济上难以与化石能源相抗衡，在21世纪中期之前难以成为主流能源，化石能源仍将发挥主要作用。煤炭一直是支撑我国经济大幅增长的最主要能源，无论从总量还是从一次能源结构来说，煤炭在我国能源系统中均占据基石地位，该地位短期内难以撼动。根据BP（2016）的统计数据，我国石油探明储量仅占世界的1.1%，天然气占2.1%，煤炭占12.8%。因此，保障我国经济持续健康发展的重任只能依靠化石能源，尤其是煤炭。谢克昌等（2014）认为煤炭的清洁、高效、可持续开发利用应该是我国能源战略的重中之重，煤的清洁高效利用是近中期我国经济可持续发展的必然选择，技术进步正朝着有利的方向发展。煤炭的未来发展必须坚持支撑服务经济社会与能源发展大局，与其他能源协同发展，做到优势互补，注重环境保护，维护人与自然的和谐，树立全生命周期理念，实现系统最优化，强化科技创新，突出科技的引领作用，坚持市场化方向，积极推进体制创新的战略方针。通过科技驱动、科学开发、全面提质、输运优化、先进发电、转化升级、节能降耗来实现煤炭清洁高效可持续利用。煤炭的清洁高效可持续开发利用直接关系到国家经济社会的科学发展。要坚持煤炭为基础，煤炭清洁高效转化是我国能源多元化、低碳化发展的必然趋势，也是实现煤炭与其他传统化石能源、可再生能源和清洁能源协调发展的必由之路。同时，应正确处理好煤炭开发利用与经济发展、环境保护的关系。以节约优先，控制消费总量，加快推进煤炭加工利用方式转变，科学认识煤化工，积极、有序发展现代化、规模化、集约化的循环经济型煤炭能源化工，有序发展洁净高效现代煤化工，实现能源、经济、社会、环境协调发展（谢克昌等，2014）。

火力发电技术进步是提高燃烧效率，减少污染的根本。超（超）临界、整体煤气化联合循环发电系统（integrated gasification combined cycle，IGCC）和分级转化是未来煤电的发展方向。我国目前600℃超超临界燃煤机组的发电效率约为45.4%，其设计发电标准煤耗约为271克/千瓦时。我国计划研发的700℃超超临界发电机组发电效率将超过51%，单位标准煤耗可以降低到241克/千瓦时。一台600兆瓦机组，如果年利用小时数达到5 500小时，则年发电总量为33亿千瓦时，那么700℃超超临界机组每年的耗煤量约为79.5万吨，比600℃超超临界机组的89.4万吨节约9.9万吨（孟浩和孟祥路，2011）。

IGCC发电技术将来自于化工行业的煤气化技术以及来自于电力行业的联合循环发电技术结合起来，将煤炭、生物质、石油焦、重渣油等多种含碳燃料进行气化，将得到的合成气净化后，用于燃气—蒸汽联合循环的发电技术，是一种高效清洁的发电方式。随着煤气化技术的成熟和燃气轮机技术的发展，IGCC的整体热效率将来甚至可能达到55%~60%（方令，2012）。目前我国已具备向IGCC电站提供关键技术的能力。IGCC技术未来的发展方向是实现多系统耦合，跨行业结合，提高能源利用效率，将物理能梯级利用和化学能梯级利用结合起来。利用IGCC+CCS（carbon capture and storage，即碳捕集和封存）+多联产技术可以进行二氧化碳的捕捉和封存，还可以实现碳资源的最大化利用。

二、非化石能源的发展将促进能源生产的多元化结构逐步升级

（一）非化石能源与微电网概述

化石能源的耗竭性和燃烧引起的环境问题，导致传统大规模集中式能源生产模式正逐步变得不具可持续性，因此，非化石能源的开发利用引起了全球广泛关注，并得到迅速发展。截至2012年年底，我国风能、太阳能、生物质能等可再生能源装机规模达到90吉瓦，位

居全球第一。2012年，全国水电装机容量达到2.3亿千瓦，居世界第一。同时我国还在积极开展沼气、地热能、潮汐能等其他可再生能源的推广应用。2011年非化石能源占一次能源消费的比重达到8%（中华人民共和国国务院新闻办公室，2012）。

电力自第二次工业革命以来，成为人类最主要的二次能源。微电网（micro-grid）成为非化石能源发展的重要形式。微电网概念最早由美国电力可靠性技术解决方案协会（The Consortium for Electric Reliability Technology Solutions，CERTS）提出，美国威斯康星大学麦迪逊分校（University of Wisconsin-Madison）的Robert H. Lasseter教授根据CERTS微电网概念，给出了微电网的定义，这一概念和定义都是基于发电资源的变化提出的。目前世界各国对微电网的内涵有不同的理解。美国CERTS认为微电网是一种由负荷和微电源共同组成的系统，它可同时提供电能和热量，微电网内部的电源主要由电力电子器件负责能量的转换，并提供必要的控制；微电网相对于主电网表现为单一的受控单元，并可同时满足用户对电能质量和供电安全方面的需求（田伟达，2011）。

（二）非化石能源的发展将逐步改变能源生产模式

传统的能源生产模式与能源结构为集中式。蒸汽机的发明使煤炭的利用遍及了工业革命后产生的各个产业部门之中，19世纪后半期至20世纪初，煤炭消费量占能源总消费量的70%以上，实现了能源转换的一次变革。汽车的普及极大地促进了石油的使用，20世纪70年代，石油、天然气占能源总消费量的70%以上，能源转换发生又一次重大变革。第一次和第二次工业革命都以集中式的工厂生产为基础，能源生产采用大规模、集中式的生产模式。传统化石能源分布的高度地缘性特点决定了在靠近资源地建立集中式的大型能源供应中心，进行集中式生产，再通过远距离传输到分布在各个角落的消费者模式是当时最经济、最有效的能源生产模式。该模式在化石能源时代取得了巨大成功，支撑工业化国家生产力快速发展，积累了巨大财富。

集中式能源生产模式使得全球90%以上电力负荷都依靠传统的

集中式大容量供电方式，但随着电力系统复杂化及用电需求的增长，集中式供电逐渐暴露出许多弊病。分布式发电技术具有投资小、清洁环保、供电可靠和发电方式灵活等优点，作为利用可再生能源的理想形式得到了快速发展。微电网和分布式发电技术的发展为大电网提供了有力补充和有效支撑。

以可再生能源利用为主的分布式能源系统改革传统的集中式生产、远距离运输的供应模式，通过直接分布在需求侧的小型化、微型化的用户能源综合利用设备，采用小型的发电机组，利用各种可利用的能源资源，供应自身使用，并将发电余热回收，用于制冷或采暖，再将更低品位的废热用于生产卫生热水、除湿，实现能源梯级利用。分布式能源系统不仅实现资源的充分利用，且避免了远距离运输中的大量损耗，从而改变能源系统的竞争格局，引发能源系统革命。2010年5月上海世界博览会期间，中国馆、主题馆、世博中心和城市未来馆四个光伏电站接入电网运行，总容量达到 4.687 兆瓦。根据测算，世界博览会期间，清洁能源并网发电，发电量能够满足世博园区用电的 30%，减少二氧化碳排放约 16 万吨、二氧化硫排放约 1 200 吨、氮氧化物排放约 670 吨。

（三）非化石能源的发展促进能源生产结构升级

我国自新中国成立以来一直遵循化石能源集中式大规模生产模式，面临严峻的化石能源高排放和不可持续性问题。近年来我国政府大力倡导可再生能源的开发利用。2012年之前我国的可再生能源生产方式也主要采用大规模集中式的开发模式，前期取得了较大成功。例如，我国已成为全球发展速度最快的风力发电市场，2012 年风电并网总量达到 6 083 万千瓦，连续两年位居全球第一，年发电量占全国总发电量的 2%，超越核电成为第三大主力电源，风力发电对调整我国能源结构、实现节能减排目标做出了重要贡献（朱永芃，2013）。但风电装机容量经过近 10 年快速增长后，2011 年首次出现负增长，一定程度上反映了我国风电集中式、规模化发展渐趋饱和，同时并网难问题一直悬而未决，脱网事故频发，已严重制约我国风电产业发展。

2011年年初，在"三北"地区风电消纳问题日益严重的背景下，为了寻求风电产业可持续发展模式，国家能源局多次召集相关单位研究讨论分散式风电开发问题，我国风电发展战略从集中式开发转向集中与分散式开发并举的战略。

分布式能源具有靠近用户、梯级利用、一次能源利用效率高、环境友好、能源安全可靠等特点，是兼具节能、减排、安全、灵活等多重优点的能源发展方式。截至2012年年底，我国已并网投产的分布式电源装机容量3 436万千瓦；其中分布式光伏发电容量33.8万千瓦，分布式水电2 376万千瓦，居世界第一（刘星，2013）。我国对2015年天然气分布式能源项目、分布式光伏发电规模化应用示范区、光伏发电应用示范小镇及示范区均制定了具体目标。这些示范区采用"自发自用、余量上网、电网调节"的运营模式，实行按发电量补贴政策。由于各示范区自用比例最低为70%，余量上网不多，不会对电网形成大的冲击。这些项目建成投产后将对我国电源结构起到一定的改善作用，促进电源结构优化。太阳能光伏发电和太阳能热利用的前景非常广阔。

三、智能电网的发展将提高能源有序配置能力

（一）智能电网概述

随着通信和信息技术的发展，未来电网要求具有更高的可靠性和电能质量。高级市场化管理可通过采取有效激励措施引导电力用户改变用电方式、提高终端用电效率、优化资源配置、改善和保护环境、实现最小成本电力服务所进行的用电管理活动，这也是未来电网的发展方向。

智能电网是建立在集成、高速、双向通信网络基础上，通过先进的传感和测量技术、先进的设备技术、先进的控制方法以及先进的决策支持系统技术的应用，实现电网的可靠、经济、高效、环境友好和使用安全的目标（余贻鑫和栾文鹏，2011）。智能电网相关技术作用体现在提高电网经济性、接纳可再生能源能力、提高电网可靠性和电

能质量、提高电网安全性等方面。智能电网相关技术研究主要体现在以下四个方面：高级量测体系（advanced metering infrastructure，AMI）、高级配电运行（advanced distribution operation，ADO）、高级输电运行（advanced transmission operation，ATO）和高级资产管理（advanced asset management，AAM）。

智能电网是电网领域的一次重大技术革命，是本轮能源技术变革的重要内容，在研究先进输变电技术的基础上，依靠现代先进通信技术、信息技术、设备制造技术，在发电、输变电、配用电以及电网运行控制等各个环节实现全面的技术跨越，在不断提升电网输配电能力的基础上，通过现代先进技术的高度融合，大规模开发与利用新能源和可再生能源，全面提高大电网运行控制的智能化水平，提高电网输电及供电能力、抵御重大故障及自然灾害的能力，提升供电服务能力和水平，实现我国电网的跨越式发展（科技部，2012a）。

（二）智能电网的发展将提高能源利用效率

气候变化催生的低碳社会经济发展模式要求新能源和可再生能源发电的发展目标是作为传统火力发电的替代电源而非补充电源，我国智能电网建设可以极大地促进水电、风能、太阳能、核电等清洁能源的并网利用，实现对化石能源的替代，减少化石能源消耗。我国电力行业 CO_2 排放量占总排放量的比例达 38.76%（魏一鸣等，2008），而煤电的 CO_2 排放占发电总排放比例超过 95%。到 2020 年，智能电网技术预计将帮助电力企业减少 14% 的 CO_2 排放量，同时大量减少 SO_X、NO_X 和黑炭的排放量（余贻鑫和栾文鹏，2011）。到 2020 年，通过推动清洁能源发电开发，智能电网可以实现替代化石能源消耗量约 3 亿吨标准煤，按照 1 吨煤发电 3 000 千瓦时计算，智能电网的可再生能源使用率将达到 20%，共替代煤发电 1 800 亿千瓦时。

智能电网将显著提高资料利用和输送经济性。到 2020 年，智能电网技术在输配电侧所带来的累计经济效益为 1.1 万亿元，节约标准煤 0.7 亿吨，减少 CO_2 排放 1.9 亿吨，到 2030 年，智能电网技术发展在输配电侧带来累计经济效益 2.8 万亿元，节约标准煤 2.8 亿吨，减

少 CO_2 排放 7.1 亿吨（吴俊勇，2010）。同时，建设智能电网可提高西部和北部能源基地外送的输电比重，并有效提高能源输送经济性。从我国西部、北部煤电基地输煤、输电到中东部负荷中心，无论是基于落地电价还是基于输送环节价格，相比而言，输电均比输煤更经济。2020 年，通过智能电网从主要产煤区向中东部电力负荷中心送电 2 亿千瓦，可减少煤炭运输量约 4.7 亿吨，可节约成本约 550 亿元（白建华，2010）。

（三）智能电网将大大提高能源资源配置能力

智能电网的发展将有效提升地缘性能源资源的优化配置。随着社会对电力需求的不断增大，2011 年，我国的多个省份均出现不同程度的电力缺口现象。我国电力生产和消费在空间上存在分离，电源结构多元化发展使传统电网面临巨大压力和挑战，越来越难以对电力资源进行有序合理配置，以致重大电力事故时有发生，造成社会财富的巨大损失。加快建设智能电网，能够有效解决电力的大规模、远距离、低损耗传输问题，促进大型水电、煤电、核电、可再生能源基地的集约化开发，实现全国范围内能源资源优化配置。

智能电网的发展将提高电网对可再生能源的吸纳能力。集中式可再生能源发电基地一般距离负荷中心较远，多数需要通过电网较为薄弱区域接入电力系统，对电网规划设计、安全运行、经济调度等提出更高要求。分散式的可再生能源利用由于间歇性、分布广、容量较小等特征，对电网调度提出很高要求。电网智能化研究的关键技术之一便是研究大规模集约式的可再生能源并网接入的关键技术，一方面提高电网对大规模集约式可再生能源的接纳，另一方面保证电网运行的安全性。另外一个研究方向便是针对分布式可再生能源接入电网产生的相关问题，研究相关技术。通过研究含分布式电源及微网的配电系统综合分析方法，为分布式可再生能源接入电网提供一种有效的应用模式；通过研究分布式电源及微网的并网与保护控制技术，实现高效、用户友好型并网发电。这些技术将有效提高电网对分布式可再生能源发电的吸纳能力。

智能电网将大大提升对可再生能源的并网与优化调度。第三次工业革命主张分散型、合作式发展模式，必须采用扁平化的、开放式的组织结构，这种扁平式、合作性的组织模式已经超越了传统意义上的集中型、层级式、自上而下的生产组织结构，有利于发挥更多人的积极性、主动性和创造性。对电网而言，不同于传统垄断一体化的输配电网，可再生能源发电组成的大规模电源或小规模的分布式电源接入配电网各个终端，利用智能电网技术协调优化可再生能源并网，这种利用模式正是第三次工业革命的一个重要体现。可再生能源发电因其随机性、间歇性特点，大规模集约式发电、分布式发电接入传统电网导致电压质量、继电保护等方面产生新的问题，对传统电网优化调度提出新的要求，传统电网无法适应可再生能源发电的接入；而智能电网环境下，将实现不同类型发电、分布式电源系统在所有电压等级上的方便接入，实现"即插即用"。

四、智能制造技术的发展为工业能源消费提供新的节能空间

（一）智能制造技术概述

工业部门是我国最大的能源消费部门，而工业终端用能设备是决定能源利用效率的最主要因素，智能制造技术是世界制造业未来发展的重要方向之一。科技部（2012b）对其的定义为：智能制造是指面向产品全生命周期，实现泛在感知条件下的信息化制造。智能制造技术是在现代传感技术、网络技术、自动化技术、拟人化智能技术等先进技术的基础上，通过智能化的感知、人机交互、决策和执行技术，实现设计过程、制造过程和制造装备智能化，是信息技术和智能技术与装备制造过程技术的深度融合与集成。

我国目前的制造业发展以跟踪模仿、产品组装、系统集成、应用研究为主，自主创新、功能创新、部件攻关、基础研究为辅。目前我国高端装备对外依存度较高，如我国80%的集成电路芯片制造装备、40%的大型石化装备、70%的汽车制造关键设备、核电等重大工程的

自动化成套控制系统及先进集约化农业装备严重依赖进口。关键支撑技术及核心基础部件主要依赖进口，且信息化与工业化融合程度低。未来的智能制造技术将会向信息化、自动化、智能化的方向发展。目前我国已取得一大批基础研究成果和先进制造技术，如机器人技术、感知技术、工业通信网络技术等，并建设了一批相关的国家重点实验室、国家工程技术研究中心、国家级企业技术中心等研发基地，培养了一大批长期从事相关技术研究开发工作的高技术人才。这为智能制造专项的顺利开展提供了有力的保障（科技部，2012b）。

智能制造技术的发展将为发展新能源产业提供必要保障。新能源产业发展急需大量高端制造装备和大量新型传感技术、仪器仪表和控制系统。由于新能源产业具有的高技术、复杂化等特点和制造业的基础性地位，智能制造不仅为新能源产业发展提供必要保障，它本身也正在孕育成为未来的战略性新兴产业，并为整个战略性新兴产业的发展提供必要保证。智能制造技术的发展将为我国高端装备制造业提供坚实基础。通过智能制造技术的发展，可提高我国制造业创新能力和附加值，实现节能减排目标，提升传统制造水平；发展高端装备制造业，创造新的经济增长点，开辟新的就业形态。智能制造也将成为我国从"制造大国"向"制造强国"转变的重要途径和有力支撑。

（二）智能制造技术的发展将为产业发展提供先进装备

智能制造技术是第三次工业革命催生的新技术，它将推动智能制造业的发展并催生一批新兴产业，为工业终端、智能建筑、智能交通的发展提供先进的智能设备。智能制造技术为废水处理提供先进的智能设备，为污染物的总量控制、总量收费、排污权交易和总量减排提供科学方法和智能装备；为工业终端提供先进的用能设备。在工矿企业中大量使用的风机、水泵，其中大部分电动机均不是在额定功率下工作，经常只有额定功率的50%~70%，甚至更低。风机、水泵智能功效节能终端设备节电率可达20%~60%，还能有效防止机械磨损，延长电机的使用寿命。智能制造技术为新能源汽车的能量控制和管理提供智能设备，实现诊断处理的智能化，保证车辆运营的可靠性、安全性和效率（路甬祥，2010）。

智能制造技术可显著提高工业锅炉节能潜力。我国工业锅炉85%以上为燃煤工业锅炉，其热效率低，是我国仅次于燃煤发电的第二大煤烟型污染源。2015年，工业锅炉、窑炉运行效率分别比2010年提高5%和2%，工业锅炉需求量近13万台，117万蒸吨/时，电石、合金和钢铁三个行业炉窑节能改造市场容量超过300亿元。预计通过实施工业锅炉窑炉节能改造工程，我国工业锅炉能效水平将得到明显提升，实现节能能力4 000万吨标准煤，减排烟尘50万吨、二氧化硫60万吨、氮氧化物25万吨，带动企业和社会投资1 200亿元。

智能制造技术可有效提高电机节能潜力。电机广泛应用于冶金、石化、化工等众多高耗能领域，是风机、泵类、压缩机等关键机械设备的驱动装置。我国整体电机系统能效低于国外先进水平10~20个百分点，其中电机效率仅比国外低3~5个百分点。目前我国绝大多数电机仅达到IE1标准，如果将电机全部更新为高效节能电机，即效率提高3%~5%，节省电能损耗780亿~1 300亿千瓦时（按2011年工业电机用电量估算），与三峡大坝的发电量相当（2011年三峡发电量783亿千瓦时）。如果在推广高效电机的基础上，再根据电机系统的负载特性和运行工况进行改造，其效率还能再提升2~3个百分点，节能效果更佳（牟其峥和吕娟，2013）。

（三）智能制造技术的发展将促进以客户为中心的服务型制造模式的发展

国内制造企业正在从传统的以产品为中心的生产型制造模式向服务型制造模式发展。服务型制造模式以客户为中心，充分利用信息技术、现代通信技术、智能技术等先进技术，有效协调供应链的各个环节，大大提高产品服务效率，直接减少产品生产运输环节的能源消耗，同时通过节省大量人力、物力，间接减少产品生命周期内能源消耗。以信息技术为基础的智能制造技术为制造企业由产品为中心的生产型制造模式向以客户为中心的服务型制造模式的转变提供了技术保障。

服务型制造是制造与服务相融合的新产业形态，通过产品和服务的融合、客户全程参与、企业相互提供生产性服务和服务性生产，实现分散化制造资源的整合和各自核心竞争力的高度协同，达到高效创新的一种制造模式。信息化是以顾客为中心的服务型制造的基础，是推进制造业从生产型制造向服务型制造转变的重要手段。

在服务型制造网络中，上下游企业及顾客之间紧密而广泛的联系大大降低了履约的风险。同时，制造商与客户之间长期的沟通与合作降低了搜寻交易对象信息方面的成本。企业将其非核心业务流程外包给制造网络中专业化的生产性服务提供商与服务性生产供应商，能获取更大的经济效益。通过外包把一体化生产系统拆分为以特定工序和流程为基本单元的产品内分工系统，可通过同时使更多工序流程达到最佳规模实现成本节省目标。另外，服务型制造网络由众多的企业聚集而成，企业间由于业务流程分工合作及专业分工的深化而聚焦于产品生产的某个环节或某个区段，实现优势互补、分散资源整合，达到各自核心竞争力的高度协同，实现外部范围经济（俞安平和曹雯，2011）。

五、智能建筑的发展将进一步降低建筑物运行能耗

（一）智能建筑概述

智能建筑概念最早出现于美国，此后，美国、日本和欧洲各个国家和地区根据自身特点，发展了各具特色的智能建筑，并由此形成了相应的智能建筑定义。

位于华盛顿特区的智能大厦研究机构对智能建筑的定义为："智能大厦是人们通过对建筑物的四个基本要素——结构、系统、服务和管理及其内在关联的最优化分析，提供一个投资合理、效率高且舒适、温馨、便利的环境。"

欧洲智能建筑集团（The European Intelligent Building Group）给出的定义为：智能建筑是指"使用户发挥最高效率，能最有效地管理自身资源的建筑，且在硬件和设备方面的寿命成本最小"。

2007年7月我国正式实施《智能建筑设计标准》（GB/T 50314—

2006），该标准明确提出了智能建筑是"以建筑物为平台，兼备信息设施系统、信息化应用系统、建筑设备管理系统、公共安全系统等，集结构、系统、服务、管理及其优化组合为一体，向人们提供安全、高效、便捷、节能、环保、健康的建筑环境"。

（二）智能建筑的发展将提高建筑物能源利用效率

在以信息技术和能源系统革命相互融合的第三次工业革命推动下，通过赋予建筑物智慧和控制功能，智能建筑朝着强调高效率、低能耗、低污染，在实现以人为本的前提下达到有效调配、管理和控制资源、节约能源、保护环境和实现可持续发展的目标发展（赵苗妙，2009）。

如果按我国建筑运行能耗占社会总能耗的30%计算，再加上建筑使用的钢材、水泥等建材的生产能耗（约占15%，如图2-1所示），建筑物能源消耗水平将超过工业，成为第一大能源消耗大户。目前我国每年建成的房屋面积高达16亿~20亿平方米，超过所有发达国家年建成建筑面积的总和，建设规模极其巨大。但遗憾的是，按照目前建筑能耗水平发展，到2020年，我国建筑能耗将达到10.89亿吨标准煤，超过2000年的3倍；仅空调高峰负荷就将相当于10个三峡电站满负荷出力，建筑节能已迫在眉睫（程大章等，2006）。

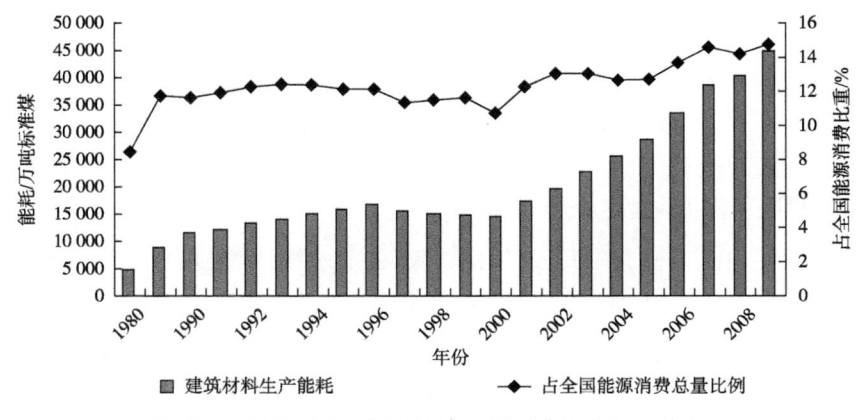

图 2-1 1980~2009年我国建筑材料生产能耗及占比

资料来源：蔡伟光（2011）

随着科技进步，建筑物正一步步朝着高智能化的方向发展，从传统建筑到单个独立自治的系统模式,到运用专门网络将楼宇内各个控制子系统连接起来,完成诸如远程控制、操作序列化、制定时间表等涉及多个子系统操作任务的模式,再到将人工智能引入建筑,进行更高级的楼宇智能控制模式。建筑物智能化程度的提高,将更有助于智能建筑中的控制系统依据楼内的温度、湿度的变化,实现光、电、热输出的自动控制,达到节约能源的效果。里夫金(2012)描绘的每个建筑都是一个微型发电站的构想将在前期单纯提高建筑物智能化的发展模式中,通过改变建筑物在能源系统中的角色,实现建筑物从能源消耗大户到能源收集与消费集成角色的转换,必将成为未来建筑物智能化发展的新模式。

(三)智能建筑的发展将彻底改变建筑在能源系统中的地位作用

传统建筑物是与工业和交通相并列的三大主要能源消耗体。第三次工业革命推动分布式能源系统发展,由此将彻底改变建筑在能源系统中的地位和作用。建筑将由单纯的能源消费体转变为分布式能源的主要载体。将能源系统与建筑进行优化整合,不论对于能源还是建筑,都将是一次空前的革命。在能源系统中,能源转换装置越靠近需求侧,不仅损耗越低,可利用的温度区间也越大,对于大型发电设施,150℃以下的热量几乎完全没有用,而在建筑物中,即使是30℃以下的温水也有其广泛需求。因此,在建筑与分布式能源相结合的能源系统中,能源转换装置完全贴近用户,使系统中资源的充分利用产生质的飞跃(韩晓平,2003)。

以可再生能源利用为主的分布式能源系统与建筑的融合发展,不仅为可再生能源的开发利用创造了新的发展机遇,同时也为建筑节能开拓了新的领域。近年来建筑光伏不断增长。根据住房和城乡建设部的数据,截至2012年年底,我国光电建筑已建成及在建装机容量达到1 079兆瓦。全国有21个城市、52个县、3个区、10个镇被确定为可再生能源建筑应用示范市(县、区、镇),山东、江苏启动了2个可再生能源建筑应用集中连片示范区,江苏、青海、新疆等8个省

（区）被确定为太阳能光热建筑应用综合示范省。智能建筑的发展，彻底改变建筑在能源系统中的地位，不仅大大促进我国可再生能源的利用，还将为建筑节能提供广阔的空间（住建部，2013）。

六、智能交通的发展将改变交通运输工具的耗能结构

（一）智能交通的内涵

智能交通系统（intelligent transportation system，ITS）是将先进的信息技术、计算机技术、数据通信技术、传感器技术、电子控制技术、自动控制理论、运筹学、人工智能等有效地综合运用于交通运输、服务控制和车辆制造，加强车辆、道路、使用者之间的联系，从而形成一种定时、准确、高效的综合运输系统。其核心技术是电子技术、信息技术、通信技术、交通工程和系统工程。智能交通的发展使得交通系统变得更加快捷、更加安全、更节省能源、更有利于环境。它的主要特征是共享各个渠道得到的交通信息，为整个交通系统服务。

智能交通系统具有以下两个特点：一是着眼于交通信息的广泛应用与服务，二是着眼于提高既有交通设施的运行效率。智能交通可以有效地利用现有交通设施，减少交通负荷和环境污染、保证交通安全、提高运输效率，因而得到各国的重视。

（二）工业革命推动交通运输工具变革和能源结构升级

蒸汽机的发明和广泛应用推动机器生产代替手工劳动，人类进入工业文明，同时也促进了交通运输业革命。蒸汽机的广泛应用使得煤炭的利用遍及各个行业，促成了以铁路建设为代表的交通运输业的繁荣。火车取代马车，交通工具能耗结构从人力转向煤炭。

1859年埃德温·德雷克在宾夕法尼亚州打出第一口油井，石油的商业化成功利用推动能源系统变革，石油逐渐取代煤炭，成为人类生产生活的主导能源，并在能源系统转变过程中催生了一批新技术和发明创造。基于传统内燃机的燃油汽车在推动工业发展和人类文明进步上具有不可磨灭的作用。经过一个多世纪的发展，传统内燃机汽车对

于碳基化石能源的依赖在人类面临能源与环境双重压力以及正在兴起的第三次工业革命影响下，使交通工具能耗结构正在从以石油为主要燃料动力向以新能源和可再生能源为主要燃料动力的能耗结构转变。汽车动力系统电气化的技术发展趋势，在推动汽车工业技术长足进步的同时，必将促进交通运输工具能耗结构的再次升级。

（三）智能交通的发展进一步优化交通领域能源消费结构

智能交通的发展对能源消费的影响主要表现在提高交通领域的节能减排效果和优化交通领域能耗结构两个方面。

1. 提高交通领域的节能减排效果

智能交通不仅高效、便利，而且还是"绿色交通"。资料表明，平均车速的提高能带来燃料消耗量和排出废气量的减少，采用智能交通系统有望减少60%的城市交通拥塞，使短途运输效率提高近70%，汽车油耗也因此降低15%，汽车尾气排放量也能大幅减少，改善空气质量（贺大胜，2013）。

全国首创的"双向感知自助召车"开通一年多来，无锡市已有33 950人注册，累计客户量近100万。通过"双向感知自助召车"，出租车一天可减少空驶100千米，折算油耗约10升，减少成本75元。智能公交系统的运行不但使首末班车辆准点率达98%、车辆全天运行准点率达96%以上，还同比降低30%的事故量，2011年全年节油443万升（王劲松，2013）。

2. 优化交通领域能耗结构

随着新的智能交通工具的不断出现，能源消费结构不断升级。2009年，我国铁路营业里程中电气化率已超过40%，达到了41.9%（表2-1），比上一年度攀升了7.3个百分点，而整个"十五"时期才提升了约2.56个百分点。2010年铁路电气化率进一步攀升至46.6%。作为"十二五"开局之年，2011年全路电气化率达到了49.4%，电气化铁路里程差不多占到全部铁路里程的半壁江山。

表 2-1 2001~2009 年电气化铁路里程变化

项目	2001 年	2002 年	2003 年	2004 年	2005 年	2006 年	2007 年	2008 年	2009 年
铁路营业里程/万千米	7.0	7.19	7.3	7.44	7.54	7.7	7.8	8.0	8.6
电气化里程/万千米	1.69	1.81	1.88	1.93	2.02	2.44	2.55	2.8	3.6
电气化率/%	24.14	25.2	25.7	25.9	26.8	31.7	32.7	34.6	41.9
平均水平	"十五"电气化率 25.5%, 年均增长 2.65%; "十一五"电气化率 35.2%, 年均增长 9.75%									

资料来源：周新军（2010）

我国高速铁路的快速发展，极大地带动了铁路能耗结构的优化，铁路能耗结构已由过去以煤为主转变为目前以电为主。统计数据显示，2006 年电耗第一次超过油耗，成为铁路第一大能耗（表 2-2）。2010 年电耗所占比例进一步提升至 63.9%，占绝对比重。与此相反，原煤和燃油消耗则呈进一步下降趋势。尤其是 2009~2010 年，趋势更为明显：电力消耗提升 13 个百分点，燃油消耗下降近 10 个百分点。而这两年也正是高速铁路投入运营最多的两年。铁路企业能耗结构已出现根本性的改善和优化，形成了以电力为主要能源的能耗结构。

表 2-2 1981~2008 年铁路企业能耗结构变化（单位：%）

项目	1981~1985 年	2001~2005 年	2006 年	2007 年	2008 年
原煤	89	27	21	20	19
燃油	8	39	38	35	34
电力	3	34	41	45	47

资料来源：周新军（2010）

由于公路运输是最主要的运输方式，公路能耗在交通运输业能耗中占有绝对比重。第三次工业革命推动能源生产与消费革命，对交通领域而言，新能源汽车是第三次工业革命背景下交通运输工具的一项重要变革。"将运输工具转向插电式以及燃料电池动力车"是里夫金（2012）在《第三次工业革命》中提出的五大支柱中的第五个支柱，该支柱将促进新能源更加有效地利用，极大地促进新能源的推广。根据里夫金（2012）描述的插电式及燃料电池动力车肩负的使命，插电式及燃料电池动力车的开发利用不仅将大大优化交通行业能耗结构，还将对整个能源系统结构升级产生深远的影响。

第三章 推动中国能源生产消费革命的战略构想

我国应紧紧抓住第三次工业革命的有利时期，充分利用自身资源优势和技术研发能力，建立我国在能源生产消费领域的技术创新体系，大力促进新能源产业快速发展，推动全社会生产和消费模式的低碳化转变，以实现优化能源结构、减少温室气体排放的目标。在保障社会经济发展对能源的长期需求得到满足的同时，实现建设生态文明的伟大目标。因此，本章提出推动我国能源生产消费革命的战略：推进能源企业的国际化经营，加大新能源技术的研发与利用力度，加快推进智能电网的建设与应用，开展能源生产消费的分布式系统建设，推动能源消费终端节能技术的研发和应用，推动社会消费模式的绿色变革，并总结出现阶段推动我国能源生产消费革命的几方面重点任务。

一、推动中国能源生产消费革命的环境分析

（一）对油气资源的争夺将继续影响国际政治格局

现阶段，虽然可再生能源在世界能源消耗中所占的比重越来越高，但传统的油气资源仍然是各个国家经济社会发展不可或缺的战略性资源，世界各国对油气资源的争夺将继续影响国际政治格局。北美地区是世界上最大的石油消费区，亚太地区位居第二，西欧第三。这三个地区占世界石油消费总量的近80%，但其石油剩余探明储量仅占

世界总量的 22%。而欧佩克①国家的石油消费量不到 10%，却占世界石油探明储量的 2/3。世界石油的消费区域构成与资源区域的构成严重错位和失衡，使全球围绕油气资源的争夺一直非常激烈，也使对原油进口依赖程度较高的国家一直面临着压力。随着我国城镇化、工业化进程不断推进，我国能源需求不断增长，石油和天然气已大幅依赖进口。尤其是战略意义极其重要的石油资源，对外依存度极高，2011年我国成为继美国之后全球第二大石油进口国，超过 50%的石油消费依赖进口，2016 年石油对外依存度进一步突破 60%。我国 80%的石油进口来自中东和非洲，这其中的 90%取道美军巡逻下的印度洋通路，经马六甲海峡和南海到达中国，这使得我国对国外石油越来越强的依赖成为潜在的战略脆弱点。此外，我国对于石油天然气的定价能力较弱，在世界能源市场上往往受制于人。因此，提高新能源生产规模，及其在能源消费中的比重，对我国具有重要的战略意义（任海平，2011）。

（二）传统化石能源消费所引发的气候变化问题引起广泛关注

气候变化是当今人类社会面临的严峻挑战，应对气候变化已成为各国政府、公众和科学界关注的重大问题。二氧化碳是主要的温室气体，工业革命后，随着人类活动，特别是化石燃料（煤炭、石油等）的消耗不断增长和森林植被的大量破坏，人为排放的二氧化碳等温室气体不断增长。根据政府间气候变化小组（Intergovernment Panel on Climate Change，IPCC）的评估，在过去一个世纪里，由于大气中温室气体浓度发生变化，全球表面平均温度已经上升了 0.3~0.6℃，全球海平面上升了 10~25 厘米。许多学者的预测表明，到 20 世纪中叶，世界能源消费的格局若不发生根本性变化，大气中二氧化碳的浓度将达到 560×10^{-6}，地球平均温度将有较大幅度的增加。全球大气二氧化碳浓度的增加，主要是由于化石能源的使用和土地利用变化。统计数

---

① 石油输出国组织（Organization of Petroleum Exporting Countries，OPEC），中文音译为欧佩克。

据显示，1973年世界一次能源消费量为57亿吨油当量，2010年已达到120亿吨油当量，过去37年世界能源消费量年均年增长率为2%左右。目前，化石能源仍是世界的主要能源，在世界一次能源供应中约占87.7%，其中，石油占37.3%、煤炭占26.5%、天然气占23.9%。非化石能源和可再生能源虽然增长很快，但仍保持较低的比例，约为12.3%。鉴于全球能源消费量仍在增长，国际社会应对气候变化的压力将持续上升。发展可再生能源、减少温室气体排放量，将是未来相当长一段时间内世界各国共同的奋斗目标。

（三）技术革命引起社会经济的重大变革

20世纪中叶以来，以原子能、电子计算机和生物技术的发明与应用为标志的现代科技革命，带来了经济社会的巨大变革。现代科学技术具有强大的渗透扩散效应，使得近年来各种高新技术产业不断涌现出来。世界性技术革命和产业革命对社会经济、政治、国防等所产生的冲击，将比以往的技术革命时代带来的影响更为巨大。世界上已经形成了信息产业、生物产业、新能源与可再生能源技术产业、新材料科技产业、空间科技产业、海洋技术产业六大现代化高新技术产业群，推动着世界经济走向新的发展阶段。特别是信息产业的飞速发展，成为现代社会产业结构嬗变中最引人注目的现象。现代信息技术手段的广泛应用已使社会经济系统具有了信息属性，并凭借其强大的渗透扩散功能将工业社会推进到电脑网络化、数字化、机器人化和自动化的信息社会。技术革命催生了产业革命，从而促进了高新技术产业和服务业的迅速发展，使传统制造业逐渐萎缩，现代制造业随之兴起。现代制造业与传统意义上的制造业相比，其生产方式、增长方式已经发生了根本性的变化，现代制造业中的科技含量越来越高，向着信息化、智能化方向发展。伴随着信息技术的不断进步，不仅涌现出了苹果、三星、联想等科技型制造企业，也催生了亚马逊、谷歌、阿里巴巴、百度等互联网服务型企业。在世界500强企业中，科技型企业所占的比重越来越高，规模也越来越大。近年来，智能制造、智能交通、智能楼宇等传统领域的智能化技术不断取得突破，将进一步改变传统的商业模式和人们的生活方式（徐顺梨，2000）。

（四）新能源开发和利用技术成为各国竞争的焦点

新能源产业发展前景广阔，被世界各国寄予厚望。数据显示，新能源产业除了能吸纳巨大投资，以及创造大量就业岗位之外，还可以拉动其他相关产业的发展，有助于经济的可持续快速增长。近年来，美国、欧盟、日本、韩国、印度和巴西等各大经济体都将新能源产业设定为推动本国经济发展的重要产业。美国是世界第二大能源消费国，奥巴马政府时期，在新能源、环保政策方面较为高调，尤其是在全球气候变化行动中由消极转为积极，表示将在未来10年投入1500亿美元资助替代能源的研究，以减少50亿吨二氧化碳的排放。欧盟在新能源开发与利用方面的技术一直处于领先地位。2007年，欧盟委员会提出了面向2020年的"20-20-20"战略，并进一步提出新能源的综合研究计划，包括风能、太阳能、生物能、智能电力系统、核裂变、CCS等一系列研究计划。日本将提振本国新能源产业提高到前所未有的高度，于2006年编制了《新国家能源战略》，提出从发展节能技术、降低石油依存度、实施能源消费多样化等6个方面推行新能源战略。可见，世界主要发达国家对于新能源开发和利用技术的竞争进入白热化阶段，谁在技术研发方面领先一步，谁就能在新能源产业和新一轮经济增长中掌握主动权，从而保持自身技术大国和经济大国的地位。

（五）我国能源消费剧增带来的环境问题日益突出

随着工业化、城市化、现代化的发展，中国的能源生产量和消费量不断提升。统计数据显示，中国能源消费总量从1978年的6亿吨标准煤，增长到2012年的36亿吨标准煤，中国已成为世界上最大的能源消费国。中国能源结构以煤为主，2012年煤炭消费量占世界煤炭消费量的50.2%，是全球最大的煤炭消费国。对化石能源的庞大消费带来一系列的环境、经济、社会和政治问题。目前中国已经成为世界第一大二氧化碳排放国，在国际谈判中面临巨大的节能减排压力。而煤炭燃烧需要排放大量的污染物，使中国大气污染越来越严重。尽管近年来中国在节能减排方面的努力产生了明显成效，但能源利用效率与发达国家相比仍有一定差距，污染物排放总量并未出现明显下降。中国正处于迈入中等收入国家的关键时期，公众消费行为正在发生剧烈转变，家用电器、私家车保有量不断攀升。可以预见，随着人民收入水平的提高，全国对电力、石油和天然气的需求仍将继续增加。为了保证经济社会发展，未来还将继续增加能源的供给量，如果不加快提升能源利用效率和改善能源结构，能源短缺和环境污染对经济社会的影响将不断加剧。

二、推动中国能源生产消费革命的战略目标

（一）指导思想

紧紧抓住第三次工业革命的有利时期，充分发挥市场在资源配置中的决定性作用，深入开展新兴信息技术、新材料技术和新能源技术及其在能源生产消费中的应用研究，推动我国能源生产消费革命，为经济社会发展提供安全、高效、清洁、可持续的能源，保障国家对能源的长期需求。

（二）总体目标

未来 5~10 年，在油气、煤炭、水电、核能等领域分别形成 2~3 家具有国际影响力和世界一流水平的大型跨国企业；在风力发电、光伏、生物质能利用、地热利用等新能源领域，分别形成 1~2 家在国际竞争中占据明显优势的大型企业；在非常规能源勘探以及新能源的开发、存储、传输和利用等领域实现技术突破，2020 年可再生能源利用比重提高到 15%；加快智能制造、智能建筑、新能源汽车和智能交通等先进技术的研发及推广，推动社会生产消费模式的绿色变革。

三、推动中国能源生产消费革命的战略选择

（一）推进能源企业的国际化经营

世界先进的能源企业几乎都采取了国际化经营战略，依托自身规

模优势与在产业链中的重要地位,在全球范围内整合资源,建立研发基地,形成对资源、技术和市场的强势掌控,形成了完整的产业链。企业实现生产基地与消费市场的国际化,一方面可以推进差异化战略,抢占国际市场;另一方面能避开贸易壁垒,减少贸易摩擦。相比之下,我国能源企业还处于在海外寻找资源的阶段,国际影响力较弱。实现国际化经营,能够推动中国能源企业参与全球竞争,有利于提升技术水平和核心竞争力;有利于实现能源来源的全球化,保障能源安全;有利于在全球范围内优化布局产业链,形成掌控优势;有利于面向全球市场,增加利润、扩大企业规模。

(二)加大新能源技术的研发与利用力度

第三次工业革命的突出特征之一是在新能源开发和利用的技术领域实现了突破,从而使新能源在能源消耗总量中的比重不断提高。目前,世界主要发达国家对于新能源开发和利用技术的竞争进入白热化阶段,谁在研发阶段取得领先优势,谁就能在经济发展和第三次工业革命中占据主动。但与发达国家相比,我国的能源消耗总量上升较快,可再生能源在总能耗中的比重较低,新能源开发和利用的技术水平存在一定的差距,位于新能源产业链的低端位置。因此,加大研发与利用力度,可使我国缩小技术水平差距,向产业链上下游延伸,提高可再生能源比重,满足日益增长的能源需求;进一步加大新一代核能、风能、太阳能发电等技术的研发力度,推动先进技术的产业化发展。

(三)加快推进智能电网的建设与应用

随着我国经济的高速发展,电力需求持续快速增长,就地平衡的电力发展方式与我国资源和生产力布局不均衡的矛盾日益突出。我国电力生产与电力消费空间不均衡,需要长距离、大规模调度电力资源。为了提高能源传输效率,减少传输过程中的损耗,需要加快智能电网的建设与应用。我国可再生能源储备与需求分布不平衡,大规模可再生能源主要集中在西部,而负荷密集区集中在东部,必须尽快建成智能电网,实现可再生能源大规模并网,并兼容分布式能源生产消费系统。为了提高能源传输效率,减少传输过程中的损耗,需要加快智能电网的建设与应用。目前,智能电网的关键技术和智能化设备还处于研究的初始阶段,应用市场非常广泛。我国应抓住机遇培养高科技人才,对智能电网关键技术和智能化设备进行攻关。在电网关键技术研究和应用领域,实现新突破,研制出一批具有完全自主知识产权的、国际一流的智能电网关键技术和智能化设备,并积极参与和组织实施国际重大合作项目,提高我国在智能电网发展方面的影响力(何国声,2013)。

(四)开展能源生产消费的分布式系统建设

以天然气为燃料的燃气蒸汽联合循环热(冷)电联产系统是目前分布式能源系统中最具发展前景的应用模式之一,它和风力发电、太阳能光伏发电、生物质能发电以及小水电等可再生能源发电共同构成了分布式发电系统。近年来,分布式能源的发展十分迅猛,在能源系统中的比例不断提高,正在给能源工业带来革命性的变化。特别是随着家庭用分布式能源系统的发展,家庭已不再单纯是能源的消费者,同时也成为能源的生产者和销售者。在不远的将来,分布式能源有可能取代集中式能源,成为未来能源工业发展的主力军之一。为了推动能源生产消费革命,我国应加强分布式能源系统的研发和应用。再生能源具有随机性、间隙性和不可控性等特点,应研究各种可再生能源特性并做好电网供需实时能量平衡规划,充分研究现有系统中水电和天然气的调节性能,科学规划水能、风能、太阳能等新能源电力输出特性互补调节机制,加快储能装置的研发和应用,建立合理的分布式能源系统的运行构架。

(五)推动能源消费终端节能技术的研发和应用

与发达国家相比,我国能源利用效率较低,在制造业、服务业、居住和交通运输方面,都具有提高能源利用效率的潜力。一方面,因为我国能源消费结构落后,大量的煤炭消耗比重降低了能源效率,油、气、电等优质能源利用不足。2010年,我国终端能源消费中煤炭占

44%，远高于10%的世界平均水平。另一方面，与发达国家相比，我国在制造业、建筑业和交通领域的能源效率普遍较低。我国主要工业行业单位产出能耗和物耗、单位建筑面积采暖能耗、机动车每百公里油耗等消耗指标，与世界先进水平相比明显偏高；能源利用效率、矿产资源总回收率、工业用水重复利用率等效率指标，与世界先进水平相比明显偏低。因此，在各类商品的生产、流通和消费的各个环节，都具有科学合理利用能源资源、提高能源利用效率的潜力。我国应继续加大对能耗终端节能技术的研发力度，对制造业、建筑和交通设施进行智能化改造，推动生产、居住和交通领域节能（闵岩，2012）。

（六）推动社会消费模式的绿色变革

近年来，随着我国城市化率和人们生活水平的不断提高，各类家用电器和机动车普及率也在迅速增长，人均生活能耗（包括直接能耗和间接能耗）不断攀升，为能源供应和环境保护带来巨大的压力。我国是一个人口众多、人均资源占有量较低的发展中国家，特殊的国情决定了我国不能像美国那样实现无节制的高能耗消费模式，而应该学习日本和欧洲国家，推广绿色、低碳的消费模式。倡导与我国国情相适应的文明、节约、绿色、健康的低碳消费模式，有利于推动低碳生产的发展，有利于缓解能源和环境压力，有利于构建社会主义和谐社会（郭晓刚，2012）。

四、推动中国能源生产消费革命的重点任务

（一）加强国际合作，实现全球布局

1. 完善激励政策，鼓励能源企业海外发展

以石油企业为主的能源企业正处于海外业务快速发展阶段，资金需求量大。由于其对保障国家能源安全发挥着重大作用，因此在资金保障等方面应出台有利于获取和建设海外战略型项目（如跨国油气管道大型油气田建设）的政策。为解决重大项目规模大、周期长、短期收益率低、开发风险高、短期融资难的问题，建议成立国家企业海外

投资发展基金。对资源前景好并经国家核准的项目，给予一定比例的资金扶持。建议在国有资本经营预算中考虑增加国家战略安全支出专项，留住企业海外业务的利润，以支持其滚动发展。对于海外大型资源型项目，建议政府在资金保障等方面出台有利于获取和建设海外战略型项目的政策。鼓励民营企业、混合所有制企业对外寻求资源和市场，形成多种所有制并存的对外投资格局。

2. 加强能源外交，将能源合作作为对外关系的重要组成部分

在对外签订经贸合作协议时突出能源合作，推动政府间能源合作多边协议的签署，为能源企业在海外获取资源提供便利。加强国际对话与合作，完善国际新能源市场监测和应急机制，积极参加双边、多边对话和国际会议，促进新的国际合作法律框架的形成和创新合作的机制。通过签订双边投资保护协定，尽量减少或避免能源资源国收紧合作政策对企业海外能源开发项目运营产生不利影响的情况发生，保护企业在能源资源国的投资利益。另外，将对外援助与能源合作相结合，建立对外援助与资源获取的协调机制，在向能源资源国提供优惠贷款援外工程、减免债务以及技术援助的同时，尽可能将能源资源的获取作为一项重要条件，通过政府间开发贷款，协助我国能源企业进入资源国市场（朱颖超，2012）。

3. 建立国家层面的风险管控机制和安全预警机制

我国能源企业国际化发展过程中，应形成政府、行业协会、企业三方共同协调、互为一体的国际化风险管控机制。政府层面应健全国家信用保险体系，完善国家风险管理制度；简化行政审批手续，实行"底线"管理；尽快制定"对外投资法""海外投资与经营保险法"等相关法律，对投资主体、投资形式、审批形式、资金融通、技术转让、收益分配和争议解决等问题做出规定。此外，我国一些能源企业海外作业面临着越来越高的安全风险，建议构建海外防恐信息系统，加大与国际安保信息系统、国际技术支持系统的互动，增强保护我国

海外员工资产以及维护能源通道安全的决心和能力。

4. 加强国际化经营人才的培养和引进

人才不足是我国能源企业进行对外直接投资、扩大国际化经营规模、提高国际化管理水平的主要制约因素。应大力开发和培养符合国际化要求的复合型人才，并通过招聘优秀的国际人才来弥补靠自身培养的不足，同时对外直接投资企业可以通过建立培训中心，或者委托专业机构，加强对人才的培养。

5. 提高能源企业的环保责任意识

企业作为国际化经营主体，首先要增强承担环保责任意识，提高环保道德水平，在企业决策中体现自身、社会、自然协调发展的原则，努力强化自身环境保护的素质，注重提高企业管理层和内部员工的环境保护意识。其次要严格承担约束性环境责任，依法承担法定环境责任，依约承担合同环境责任，加强内部环境管理，制定企业自身的环境政策和管理体系，完善内部环境管理制度，减少经营环境风险，主动发布环境责任报告，提升企业环境责任的社会形象（《中美企业国际化经营比较研究》课题组，2013）。

（二）完善扶持政策，优化发展机制

1. 完善政策法规，为能源生产消费的创新和产业化提供优惠性政策

第一，建立健全与新能源开发利用、低碳消费相关的政策法规，在全社会范围内营造能源生产消费革命的制度环境。加快建立和完善与新能源生产消费相关的法律体系，使新能源产业和低碳消费发展走上法制化轨道。第二，改变新能源产业多头管理、行政权力分散、管理错位、权责不清的状态，改革和完善顶层设计，建立统一的与常规能源协同一致的能源管理机构，使政府有效地发挥促进新能源可持续发展的政策引领和管理的功能。第三，为新能源的开发利用提供优惠

性政策，为新能源相关技术的研发、设备生产提供更多的政策优惠，如降低税率、给予财政补贴等，可以提高企业的竞争力，促进行业快速发展，进而推动我国新能源产业的良性发展。第四，设计灵活的新能源价格形成机制。考虑新能源开发与利用的经济效应和环境效应，完善价格形成机制，建立和完善上网电价调整机制，使上网电价调整机制既反映发电成本的变化，又与市场变化、规划目标、成本控制目标相一致（郭晓刚，2012）。

2. 加快标准体系建设，推动新能源发电并网

进一步优化能源主管部门和其他部门、中央和地方有关部门对分布式能源的立项、审批和价格等方面的管理协调机制。对于需要并网运行和/或享受优惠政策的分布式能源项目，由政府有关部门统一进行立项管理，还需由电网企业对其接入系统设计进行确认。对于并网且上网的分布式能源项目，则必须严格按照公用电网安全运行的要求，配置调度通信、自动化、继电保护等设备，签订《并网调度协议》和《购售电合同》。由政府有关部门组织，电网企业和其他相关机构通过参与，制定统一的分布式能源并网国家标准，包括技术标准和并网设备配置标准两部分，以提高分布式能源系统的可靠性和经济性。简化分布式发电经营者法人注册流程和要求，降低法人注册难度，缩短注册时间，缩短发电业务许可证审批时间（殷虹和庄妍，2012）。

（三）加大研发投入，突破技术瓶颈

1. 加强长期规划，增加研发和成果转化投入

新能源技术的开发利用要与国家的能源战略紧密结合，做好长期规划。鼓励科研院所和企业加大投入力度，应用开发与技术储备相结合：一方面，对一些相对成熟、已经进入产业化的技术，重点进行降低成本、提高效率等方面的研究开发；另一方面，对一些新兴技术进行探索性研究，增加技术储备。此外，应提高政策的持续稳定性和透明度，由于新能源技术的开发利用需要政府政策的支持，增加政策稳定性和透明度有利于企业进行长期的研究开发投入。在投入方向上，

要注意引进技术和自主开发相结合。一方面，积极引进国际先进技术，对于国外基本成熟的技术，通过引进技术消化吸收，根据我国的资源特点进行再改进，逐步掌握核心技术；另一方面，坚持自主开发具有我国特色的可再生资源技术。

2. 建立产学研一体化发展机制，推动研究成果产业化

由于目前大部分新能源技术尚未成熟，成本高于传统能源，其利用和产业化有一定的技术风险和市场风险，加上新能源的利用具有环境保护等社会效益，因此，发展新能源技术不能仅靠市场机制，政府应在新能源技术的研究开发、示范和推广的各个环节发挥作用。借鉴国际经验，要打破部门界限，建立产学研结合的研究开发、示范和推广体系；加强研究开发、示范和推广各环节的衔接，增加新技术的工程化试验和示范项目投入，促进研发与产业化结合；以企业为新能源技术集成平台，以示范项目为纽带，促进产学研结合。

3. 建立共性技术研究开发机制，实施重大技术攻关项目

为了提高研究开发投入的效率，要建立共性和共享技术联合开发机制，以利益和知识产权分享机制为纽带，组织企业、科研机构联合研究开发共性技术。在新能源勘探和生产领域，我国目前需要尽快实施的技术攻关如下：一是深水和超深水海域等非常规油气的勘探和开采技术；二是可再生能源并网系统，如输配电和智能电网的关键技术；三是可再生能源转化和利用效率的提高。为了在国际竞争中抢占先机，我国需要在短期内实施重大技术攻关项目，在新能源开发利用的核心技术和瓶颈技术方面取得突破（国务院发展研究中心课题组，2009）。

（四）加快试点建设，推动改造升级

1. 加快新能源发电并网、分布式系统和智能电网的试点工程建设

进行试点工程建设，能发现各项技术在运行过程中的问题并及时

解决，避免大规模推广后遇到问题而遭受损失，以达到安全、快速发展的目的。近期内，需要建立风电、光伏发电并网仿真研发平台，为研究大规模风电、光伏发电并网问题提供技术手段；建设国家级风电、光伏发电试验基地，满足开展风电机组和光伏发电检测认证的要求。电力传输部门在试点建设的过程中需要不断总结经验，逐渐标准化，最后实现智能电网的全面推广。通过试点建设，打造友好开放的电网信息平台，建立完善的双向交互式信息沟通渠道，提高真实有效信息的传递，促进电力用户参与电力管理。

2. 推出节能低碳试点项目，推动传统设施改造

继续开展低碳社区、低碳产业园和低碳城市等试点建设，支持地方公共机构、企事业单位和家庭参与节能示范项目，支持使用各种新能源基础设施，包括家庭用设备等。积极探索智能制造、智能楼宇和智能交通的建设与运营模式，开展试点研究和示范工程建设，为相关技术和管理模式的大规模推广积累经验。

（五）普及环保理念，变革消费模式

1. 政府和公共部门发挥示范带头作用

政府消费是社会消费的重要组成部分，自身运作也必须低碳化，在确保行政效率的前提下，在日常办公和政府采购过程中努力践行低碳消费，积极推广低碳消费模式，发挥示范带头作用。

2. 推广通用节能指标，建立各行业能效等级评价体系

我国对高效节能技术的评估检测认证体系还不够成熟，缺乏对节能性能评估的手段，整体能级评价体系与国际水平相比还有一定差距。应借鉴国际经验，建立各行业能效标准和等级评价体系，建立绿色电力认证制度等，保证政策的实施公平合理。

3. 积极引导和规范低碳市场建设

出台价格补贴、税收减免和绿色信贷等优惠政策引导消费，鼓励

人们购买低碳产品，增加低碳消费需求。此外，还需要不断增强市场监管力度，规范低碳市场秩序。加快建立相应的市场准入制度，限制并逐步减少非低碳产品进入市场，使低碳产品的供应结构更加合理。坚决打击假冒伪劣低碳产品，切实保护消费者的合法权益。

4. 推动新的工作模式和消费模式的发展

积极推动产业结构调整，增加环保产业、高端制造业和第三产业比重，充分发挥第三产业创造就业的作用；并进一步推动电子商务的发展，鼓励企业和个人依托互联网，创新办公和消费模式，节省出行的时间和能耗成本。尤其是推动基于云计算和大数据的服务业发展，一方面创新服务业模式，使生活更为便捷，另一方面实现社会的精细化管理，缩减社会运行成本。此外，针对大城市交通拥堵、出行不便的现状，在旧城改造和新城规划中贯彻科学的城市发展理念，实现城市组团式发展，促进居民就近就业，以减少通勤成本。

5. 转变消费观念，宣传和鼓励低碳消费

政府部门及公益组织要重视对公众的宣传教育，帮助消费者树立科学的消费观。可以通过网络等大众媒体开展低碳消费宣传，大力普及低碳消费知识，积极倡导低碳生活方式。逐渐完善教育体制，把消费环保化教育纳入整个教育体系，充分发挥学校教育的辐射带动作用，全面推进国民低碳消费教育，从而使低碳消费家喻户晓。具体来说，就是要倡导以营养健康为导向的低碳饮食，以生态节能为导向的低碳建筑，以绿色环保为导向的低碳交通，以经济适度为导向的低碳日用（郭晓刚，2012）。

第四章 推动中国能源生产消费革命的重点工程

在第三次工业革命的影响下,智能电网、泛能网、分布式发电与微电网以及智能建筑在未来的能源体系中将具有重要地位,本章重点从这四个方面介绍其国内外发展现状与发展趋势,分析它们在未来能源体系中的作用,并提出工程方案与实施计划,最后对工程的社会和经济价值进行分析。

一、智能电网

(一)国内外发展现状及趋势

美国电力研究院(Electric Power Research Institute,EPRI)于1998年提出了"复杂交互式系统"的概念,2003年7月能源部发布Grid 2030,制定了美国未来电力系统的远景。2009年年初,奥巴马总统上任伊始就提出以智能电网为核心的能源发展战略,并投资建设智能变电站、智能电表等,同时对智能电网员工进行培训。美国的智能电网计划在基础设施老化背景下,建设安全、可靠的现代化电网,并提高用电侧效率、降低用电成本,同时最大限度利用信息技术,注重推动可再生能源发展,实现系统智能对人工的替代,发展智能电网的重点在配电和用电侧,注重商业模式的创新和用户服务的提升(周勇,2009)。

欧洲智能电网的发展重点关注可再生能源的并网发电以及减少温室气体排放,加强与用户的互动和降低电价也是欧洲智能电网建设的重点之一。欧洲发布的《智能电网——战略发展文件》(*Smart grid-*

strategic development document，SDD），要求在 2020 年前可再生能源增加 20%、碳排放减少 20%、能源效率提高 20%。为了实现目标，欧洲采取了优化电网的基础设施、接入大量的断续的发电设施、推广信息与通信技术、采用主动的配电网络、推广和改善新型的电力市场、提高用户的用电效率等 6 项措施（王明俊，2010）。

德国于 2008 年启动了"E-Energy"示范工程计划，提出打造新型能源网络，在整个能源供应体系中实现综合数字化互联以及计算机控制和监测，在全国 6 个地区进行示范，总投资 1.4 亿欧元；2009 年 4 月发布了名为《新思路、新能源——2020 年能源政策路线图》的战略性文件，提出新建 850 千米输电线路，到 2015 年完成对 60 000 千米的国家电网线路智能化升级改造。2009 年 8 月，德国联邦政府通过了"国家电动汽车发展计划"，其目标是争取到 2020 年实现 100 万辆电动汽车上路（沈雪石等，2012）。

我国智能电网研究进展迅速，2010 年 6 月 7 日胡锦涛总书记在两院院士大会上讲话中提出，要重点推动八项科技发展方向，其中第一项的核心内容为"构建覆盖城乡的智能、高效、可靠的电网体系"。此后政府部门着手总体部署和规划，出台了智能电网重大科技产业化工程"十二五"专项规划，启动了 863 先进能源技术领域智能电网关键技术研发重大项目，以国家电网为主的电网企业积极响应，通过研究与探讨，形成了完整的智能电网战略规划体系，开展了一批智能电网工程试点项目，并在一些关键技术和设备的创新方面取得了突破。

（二）在未来能源体系中的作用

智能电网旨在应对全球能源和环境挑战、推动节能减排，重视可再生能源发电、电动交通运输和优化能源使用，与相关的煤、水、气、油等能源以及气象运输等行业，存在着密切的关联和互动关系。国外研发智能电网与其他能源和行业的关联与互动关系主要包括两个方面，即智能能源供应价值链的整体优化和协同增效创新的相关系统。

涉及智能能源供应价值链的整体优化系统有：燃气公用事业系统，燃料供应系统（油/天然气管道、煤及其运输），用于发电厂冷却和地区供热的水系统，电动交通运输，风力和太阳能预报的气象系统，碳减排和其他防污控制系统，电力、碳及其他排放市场，以及用户行为承诺，等等。协同增效创新的相关系统有：交通运输系统，水系统，电器设备设计，区域规划，绿色建筑，绿色城市规划，等等。智能电网主要对含可再生能源在内的分散发电、电动汽车充放电、储能、智能电表、需求响应、先进传感器、先进输电技术、广域测量和控制、紧急控制和恢复控制等实现系统集成。对社会的高效回报除集成可再生能源、电动汽车充放电、储能、需求响应和提高能效外，还应实现供电的安全自愈功能和参与全球环境的改善。未来的能源网络将包括电力、燃气、水力、热力、储能等资源组成的综合网络，实现能源替代优化，统一解决有关能源的有效利用和调峰问题。智能电网将会作为未来能源体系的一部分发挥重要作用，甚至将会成为未来能源系统的核心（王明俊，2010）。

（三）工程方案及实施计划

根据我国国家电网公司规划，我国智能电网的研发和实施分为三个阶段：2009~2010年的规划试点阶段，2011~2015年的全面建设阶段，2016~2020年的引领提升阶段。在规划试点阶段，主要完成"坚强智能电网"的整体规划，形成顶层设计；开展关键性、基础性、共用性技术研究并进行应用试点。

2009年8月21日，国家电网公司发布了统一坚强智能电网第一阶段重点项目实施方案，按照"统筹安排、统一规范、自上而下、同步推进"原则，组织编制国家电网智能化规划。明确了智能电网标准化工作和研究检测中心建设的基础工作。标准化工作包括标准体系研究和技术标准制定两部分。标准体系研究工作将紧密结合现有国际电工标准体系，全面梳理国内外智能电网相关标准，建立涵盖各环节的智能电网标准体系。技术标准制定工作将在智能电网标准体系架构下，结合试点工程建设，制定指导智能电网建设，涵盖各环节的具体标准研究与制定工作，修改完善现行标准规范，补充编制新的标准规范。研究检测中心建设包括国家风电研究检测中心、国家太阳能发电研究检测中心、智能用电技术研究检测中心（周倩，2010）。

第一阶段重点示范工程在发电，输电、变电、配电，用电，调度等环节选择基础条件好、项目可行度高、具有示范效应的 9 项工程作为首批试点，计划于 2010 年 3 月至 2011 年年底陆续建成，包括风光储联合示范工程、常规电源网厂协调试点工程、输电线路状态监测中心试点工程、智能变电站试点工程、配电自动化试点工程、用电信息采集系统试点工程、电动汽车充放电站试点工程、智能电网调度技术支持系统试点工程及上海世博园智能电网综合示范工程 9 个工程，具体如表 4-1 所示。

表 4-1　第一阶段智能电网示范工程

项目	示范项目名称	项目计划及进展
发电环节	风光储联合示范工程	2011 年，一期项目在河北省张家口市张北县成功投产，集风电、光伏发电、储能、智能输电于一体的示范项目，示范一期建设包括 100 兆瓦风力发电、40 兆瓦光伏发电、20 兆瓦化学储能，并配套建设 1 座 220 千伏智能变电站，投资 32.26 亿元 2013 年 9 月，国家风光储输示范工程二期建设全面开工，计划投资约为 60 亿元，将新增风力发电装机容量 40 万千瓦、光伏发电装机容量 6 万千瓦和化学储能装置 5 万千瓦，总装机容量扩大到一期的 4 倍多，将向电网提供约 12.5 亿千瓦时优质、可靠、稳定的绿色电能
	常规电源网厂协调试点工程	2010 年 8 月 6 日通过国家电网公司内部验收，促进了电网与电源的协调发展。项目选取华北、华东电网常规火力发电机组开展试点工程建设
输电、变电和配电环节	输电线路状态监测中心试点工程	（1）第一批试点：建设输电线路状态监测系统，对试点所辖相关重要输电线路运行状态参数及灾害多发区的运行环境参数的集中、实时监测和灾害预警。试点单位包括华北、山西、华东、浙江、福建、湖北、陕西公司及国家电网公司总部（跨区电网）8 个单位 （2）第二批试点分为两部分：①在第一批输电线路状态监测系统基础上开展二期工程建设，新增变电设备状态监测功能，建设输变电设备状态监测系统。②新增变电设备状态监测系统试点，建设输变电设备状态监测系统，实现国家电网公司总部对跨区电网、网省公司对所属重要输变电设备的集中监测和集约化管理。试点单位为：华中、江苏、河南、湖南、安徽、四川、上海、北京、重庆 9 个网省电力公司
	智能变电站试点工程	2010 年年底前，江苏西泾、山东济宁黄电等 4 项新建智能变电站计划竣工，浙江兰溪等 4 座智能变电站计划完成改造
	配电自动化试点工程	2009 年 8 月，国网启动第一批城市配电自动化试点工程，第一批试点工程在北京、杭州、银川、厦门 4 个城市的中心区域（或园区）进行。第二批试点工程在第一批试点城市配电自动化一期建设的基础上，进行二期建设，重点是拓展分布式电源接入技术支持，完善配电网高级应用及调控一体化技术支持平台建设，实现配电网调度运行控制的一体化管理；新增 19 个城市开展配电自动化工程试点建设，包括 3 个直辖市（上海、天津、重庆），12 个省会城市（石家庄、太原、南京、合肥、福州、武汉、长沙、郑州、成都、西安、兰州、西宁），3 个计划单列市（大连、青岛、宁波），1 个重点城市（唐山） 2012 年配电网示范工程建设试点工作于 3 月 13 日在天津启动，确定了 6 个城市的核心区进行试点

续表

项目	示范项目名称	项目计划及进展
用电环节	用电信息采集系统试点工程	在电网公司范围内，分两批、在26个省（自治区、直辖市）开展，每省3万~5万户（或5万~10万户），建设用电信息采集系统
	电动汽车充放电站试点工程	在北京、上海、天津、济南、杭州、武汉、长沙、西安、南京、大连共10个城市建设50个试点
调度环节	智能电网调度技术支持系统试点工程	在国调、华北、华东、华中网调、江苏、四川省调、北京海淀、辽宁沈阳、河北衡水地调建设该系统，开发技术支持系统基础平台和实时监控与预警、调度计划、安全校核、调度管理四类应用
智能电网综合示范工程	上海世博园智能电网综合示范工程	2010年4月建成投运，全面展示了坚强智能电网建设成就；包括9个示范工程和4个演示工程

上海世博园智能电网综合示范工程是对智能电网建设最新成果的全面集中展示，责任部门为智能电网部，实施单位为上海市电力公司；包括9个示范工程和4个演示工程，9个示范工程将融入世博园区的智能电网之内，4个演示工程可供参观者近距离、多角度、形象化地了解智能电网。项目内容及计划进度如表4-2所示。

表4-2 上海世博园智能电网综合示范工程建设计划

项目	建设项目	预计完成时间
示范工程	110千伏蒙自智能变电站	2009年年底建成
	世博配电自动化系统	2010年3月建成
	电能质量检测	2010年2月建成
	故障抢修管理系统	2009年年底建成
	新能源接入	2010年3月完成接入改造
	储能系统	2010年2月建成
	用电信息采集系统	2010年3月建成
	智能用电楼宇/家居	2010年3月，项目验收
	电动汽车充放电站	2010年3月，示范试运行
演示工程	智能输电技术展示	2010年3月建成
	智能电网调度演示系统	2010年3月建成
	信息化平台展示	2010年3月建成
	其他可视化展示	2010年3月建成

《上海世博园智能电网综合示范工程》中对系统方案进行了详细介绍（滕乐天，2010）。

（四）工程的经济社会价值分析

工程项目的经济性指标分析主要包括降低成本指标、增加效益指标、费效比指标等（张红斌等，2010）。降低成本指标主要包括降低工程造价、减员增效、降低维护成本及户均投资等指标。增加效益指标主要反映增供电量或者线损降低而带来的效益。费效比指标指电网智能化改造前后静态投资的变化与因系统可靠性提高而带来效益的比值。

  项目的社会价值指标主要包括社会影响和环境影响指标。社会影响指标主要反映项目因节地节材、增进社会信息化等带来的社会影响。环境影响指标主要反映项目在能源资源节约、降低有害物排放、促进环境保护等方面的水平。智能电网示范工程社会效益主要包括明显的节能降损。例如，由于电动汽车项目的实施，到2020年，按照中国电动汽车拥有量达500万辆计算，预计每年减少汽油消耗约355万吨。同时拉动就业，与智能电网技术进步主要相关的行业技术岗位总数大约2 200万个，新增35万~37万个相关技术岗位，考虑智能电网的技术进步因素，总就业岗位中技术岗位可达到66万个（吴俊勇，2010）。

  智能电网工程对电网的改造主要分为七个部分，即发电、输电、变电、配电、用电、调度、信息通信。其中，发电环节主要是投入新能源发电和建设高参数大容量机组，其效益是提高环境效益和提高发电效率、降低煤耗；输电环节主要安装输电线路状态监测装置、使用柔性交流和直流输电设备以及高压直流输电设备，从而降低运行维护成本，提高供电可靠性并降低输电损失和停电损失；变电环节主要是建造智能变电站，从而降低建筑工程费用和其他费用，并且降低运行维护成本；配电环节主要实行配电自动化，在充分利用原有设备的基础上降低运行维护费用，增供电量，保证供电可靠性；用电环节旨在建立用电信息采集系统，实现智能用电小区、智能大用户服务、电动汽车充电、智能营业厅的智能用电体系；调度环节的改造目标为，建立服务特大电网安全运行的省级以上智能电网调度技术支持系统，实现调度自动化和适应大规模新能源接入的联合优化调度；信息通信环节目的在于打造贯穿发电、输电、变电、配电、用电信息采集以及调度六大系统的基础支撑平台，加大资源整合力度，最终实现智能分析，起到辅助决策的作用（王宇拓等，2012）。

通过表 4-3 效益识别分类和研究，可进一步了解智能电网工程从建设到运营整个过程的资金流动情况，以及时间投资和成本的关系，为智能电网工程的经济评价提供依据。

表 4-3　智能电网项目的效益识别

智能电网构成	降低成本指标	增加效益指标
新能源发电和高参数大容量机组	能源成本	减排和提高环境效益
输电系统	降低线损、运行维护成本	提高供电可靠性
智能变电站	建筑工程费、人工费用、运行维护成本	
配电自动化	运行维护成本、原有设备利用率、停电损失	供电可靠性
用电信息采集	减员、线损降低	户均投资增效
调度系统	减员增效、降低购电成本和煤耗	优化资源配置、能源利用率
信息通信系统	信息通信成本	资源利用率

二、泛能网

（一）国内外发展现状及趋势

回顾 18 世纪后的工业化历程，新能源与新通信的交汇推动了历次工业革命的发展，进而改变能源生产、消费的方式。现在，可再生能源、分布式能源和网络技术的高速发展，为我们创造了再次提升能源生产、消费方式的契机。

分布式能源系统一直是研究和发展的热点，有人甚至称之为第二代能源系统。西方发达国家从 20 世纪 70 年代就开始建设区域能源站。据 1997 年资料统计，欧盟拥有 9 000 多台分布式热电联产机组，占欧盟总装机容量的 13%。美国到 2010 年总装机容量已达到 9 200 万千瓦，占全国发电量的 14%。美国能源部规划到 2020 年使分布式能源装机总量再翻一番，达到全国发电量的 29%。日本自 20 世纪 80 年代开始，大力发展天然气分布式能源，2011 年，日本国内分布式能源系统总装机规模已经超过 940 万千瓦，总数超过 8 500 项，其中天然气分布式能源占总规模的 48%。

随着分布式能源的发展，以微电网为代表的新型分布式能源的网络系统开始出现，且多种分布式能源网络系统的方案构想被提出，如欧洲的"Microgrids"项目，目标在于增强分布式能源网络系统的穿透力，实现可再生能源的并网。在此基础上，开展了 The Kythnos Island Microgrid（希腊）、MW Residential Demonstration（德国）、Continuon's MV/LV Facility（荷兰）等示范工程。美国的 MAD REVER 计划对分布式能源进行了实践，也提出了面向未来的智能电网概念。

随着分布式能源网络系统的出现，越来越多的研究者开始从系统的高度研究问题。例如，分布式能源的网络系统能够集成更多种类的可再生能源和其他能源设备，相比简单的分布式系统，在相同的外在条件下能够有更宽的能源供给的调节范围，在不同的供能时段有不同的规模化的用户需求，通过对分布式能源网络系统的网络结构的优化设计，以及不同时段的供需匹配优化，可以规模化地使用可再生能源，从而大大降低可再生能源给分布式能源的网络系统带来的不稳定性；能够在不同时段根据规模化的用户需求，在分布式能源的网络系统内部制定相应的供能策略，减少对于大电网的影响，更多地使用可再生能源，因此使分布式能源的网络系统有更高的系统能效，分布式能源的网络系统是分布式能源的发展趋势。提高分布式能源网络系统的系统能效能够使分布式能源得到充分的发展和推广，是国内外分布式能源网络系统相关研究的重点。

上述国家和地区根据自身发展特点制定的能源策略，为中国能源使用的可持续发展提供了现实的借鉴意义。但中国现阶段的经济发展状况和能源使用方式与欧美发达国家有本质不同：一方面，需要进一步扩大能源消费以保障经济社会的快速发展；另一方面，面临环境、气候恶化和全球智能化的双重压力，中国不能再走西方国家先污染再治理的老路，必须形成独有模式。为了探索适合中国能源可持续发展的新型能源体系，新奥集团从 2006 年开始转入新能源领域的研究，通过 10 年来的探索和工程实践，逐步形成了具有自主知识产权系统能效理论和泛能网技术，为我国实现能源生产与消费方式的变革开辟了一条可行的道路。依托具有自主知识产权的系统能效理论和泛能网技术，新奥集团在河北廊坊斥资近 3 亿元构建了区域分布式微网——新奥能源生态城，该项目总占地面积 10 万平方米，旨在形成能量输入和输出，生产消费跨时域的协同，最大限度地利用环境能（太阳能、风能、地热、生物质能等），实现天然气和可再生能源的融合，解决可再生能源的不稳定问题和与主干电网的融合难问题，达到系统能效最优，并给出全生命周期的、高效清洁能源整体解决方案。以新奥能源生态城为基础，从2009年开始，利用系统能效和泛能网技术在国内多个城市和地区成功实施清洁能源解决方案，主要有青岛中德生态园、肇庆新区项目、廊坊云存储项目、长沙黄花机场项目、大连湾能源规划项目、江苏亭湖医院项目、天津绿岭项目、上海新奥智城、江苏武进低碳小镇、广西北海项目、沈阳医院项目、唐山古冶项目、福建泉州项目、广西涠洲岛项目、新疆库西项目等。目前已为华东、华南、华北、渤海湾地区14个城市共计425平方千米提供了区域能源规划与整体解决方案服务，为办公楼、住宅、医院、酒店、机场、工业园等公建共计636万平方米的建筑及工业客户提供了咨询、改造、建设管理、商务、运营等一站式服务。

（二）在未来能源体系中的作用

第三次工业革命将改变能源生产与分配的控制机制，由传统的石化能源巨头控制转向数百万自我生产并将盈余通过信息与能源网络共享的小生产者手中。利用能源技术、信息技术对能量和资源在信息和智慧的统一优化与调度下进行全价开发和集约利用，实现信息和能量、资源的高效融合。

泛能网是实现未来能源体系的一种区域型、智能化的分布式能源网络系统，它利用能源和信息技术，将能源网、物联网和互联网进行高效集成，形成能源生产者和消费者信息对称、平等参与、自由多边的"互联网能源"。依托泛能网的三层网络最终形成可再生能源优先、化石能源补充、分布式为主集中式为辅、供需互动智能用能的现代能源体系，通过转变能源的生产和利用方式，将"渠道式能源"转变为"网络式"能源生产和消费的"新型网络能源生态圈"，达到区域能源"安全、稳定、经济、清洁"利用，实现客户价值最大化（陈向国，2015）。

在调整能源结构方面，泛能网通过生产环节的集成技术，将集中式光伏发电、风力发电、热电联产与天然气供应系统相结合，形成化石能源与可再生能源循环生产，从化石能源为主向清洁和可再生能源为主过渡。

在区域能源供应方面，泛能网通过以泛能机为核心的泛能站有序配置技术，将集中式的燃气、电力和热力供应等集中式能源与燃气分布式能源、光伏光热、水/地源热泵、储能、工业余能等分布式能源互补利用，实现区域泛能网与城市电网、气网和热网的互联，建立"分布式和集中式互补"的模式，逐步转变能源供应方式。

在用能端智能用能方面，泛能网通过温差正反馈技术，将用能端的建筑或工业系统变成产能单元，用能端产生的"余能"通过泛能站进行回收，实现供能与用能的双向互动。

在供需互动方面，泛能网以"泛能计量和交互终端"与"泛能能效平台"为核心，通过协同优化技术，建立协同控制网络，实现从生产、储运到应用的能源全生命周期利用过程的能源统一计量与协同控制，形成供能随用能因时因需而变的供需互动模式。

在网络化能源交易方面，泛能网以泛能云平台为核心，通过集智进化技术和泛能云计算技术，汇聚能源供应商、运营商、终端客户的信息、智慧与价值，建立能源双向调度和交易的自组织式互联网络，实现能量的双向交易和供应商与客户服务的双向互动，形成可复制、可推广的区域能源生产和消费新模式。

在构建未来能源体系过程中，受冷热供能半径、经济性、现有物理结构和技术水平的限制，泛能网主要承担区域能源供应，如社区、园区、城市综合体、城区等。智能电网将承担国家主干能源网络的供应和调配，泛能网将是智能电网在区域和终端智能用能的有效补充，在区域内促进气体能源与可再生能源的融合，推动集中式供电、气与分布式能源的结合。

（三）工程方案及实施计划

1. 青岛中德生态园泛能网项目

青岛中德生态园位于山东青岛经济技术开发区北部，规划面积

11.6 平方千米，园区距青岛流亭国际机场 30 千米，园区区位条件优越，交通便利，土地资源丰富，生态环境良好，基础配套齐全，产业基础雄厚，拥有建设生态园区得天独厚的资源禀赋。2010 年 7 月，德国总理默克尔访华期间，中国商务部与德国经济和技术部签署了《关于共同支持建立中德生态园的谅解备忘录》，确定在中国青岛经济技术开发区内合作建立中德生态园。

中德生态园采用以新奥系统能效理论为基础的泛能网技术构建安全稳定、经济高效、智能低碳、可持续发展的现代新能源体系。以清洁的天然气为主，融合风、光、地源热、水源热等可再生能源，形成可再生能源优先、化石能源补充，因地制宜的多元能源结构，利用泛能站集成技术，形成分布式为主、集中式为辅，相互协同的平衡供应模式，利用智能化控制和云计算技术，形成供需互动、有序配置，节约高效的智能用能方式。

中德生态园能源系统利用泛能网技术，将园区的燃气分布式供能系统、太阳能、风能、地源热能、淡水源热能等新型能源进行综合利用，通过"1 拖 N"的设计模式解决园区 80%以上的能源需求，同时采用泛能云平台对园区用能情况进行实时监控，实现园区内能源供应整体优化及分时优化。在园区中心团结路北侧建设 1 个大型的区域泛能站，在住宅和商业片区建设 3 个小型的商业泛能站、在产业片区建设 3 个小型的产业泛能站；在每个泛能站内部分别设置了储电和储冷热系统、在园区公交换乘站建设 1 个充/换电站、在燃气管网末端及用气高峰处，建设 1 个 CNG（compressed natural gas，即压缩天然气）充储站和 1 个 LNG 接收站，对电力、热力和燃气进行削峰填谷；区域泛能站通过区域泛能网的主干网与各产业和商业泛能站相连，各产业和商业泛能站在每个区块内通过泛能微网与终端用户相连，为终端用户提供冷、热、电、蒸汽、燃气等多种能源，各泛能站通过区域泛能网相互连接实现泛能站间多种能源的互补调峰；泛能网系统发电总装机规模约 76 兆瓦，分别由 8 兆瓦光伏和 68 兆瓦燃气多联供提供，供热规模约 276 兆瓦，供冷规模约 352 兆瓦，分别由燃气多联供、地水源热泵、燃气锅炉、电制冷、储冷热等系统提供，此外，还能向产业片区提供工业蒸汽约 30 吨/小时。系统建成后清洁能源利用率达到 80.6%，可再生能源利用率达到 20.6%，同时能使 90% 的能源网络实现智能化监测，综合节能率达到 50.7%以上，碳减排率达到 64.6%。园区万元 GDP 能耗可降低至 0.23 吨标准煤。

中德生态园泛能站建设与各区块建设进度同步，基础能源网一期主要建设团结路、昆仑山路等主干道上的热力、燃气、电力管网，建设区域泛能站进入 1、2 泛能站的管网和大唐风电并入智能变电站的电力管线；区域泛能站与子泛能站以及子泛能站间的管网随道路铺设进度而建设，组团内二次管网与组团建设进度同步进行。

1# 泛能站于 2014 年建设，考虑此区块主要为拆迁安置区域，1# 泛能站内的设备建设根据入住率的状况建设，前期先建设 50% 的规模，满足住宅及配套设施采暖需求，二期与集中商业区同时建设燃气分布式能源和地源热泵系统。

2014 年区块五和区块六相关产业开始建设，相应建设 4#泛能站，考虑前两年的投产率不高，4# 泛能站按照 50%规模建设。

2014 年根据德国中心建设进度开始建设 2# 泛能站，区块二前期入住率不高，2# 泛能站主要完成在德国中心地下室的子泛能站建设。

2015 年配合区块七产业建设，开始建设 5# 泛能站，考虑用能负荷率，前期按照 50%规模建设。

2016 年，区块五和区块六渐渐达产，用能需求大增，开始建设区域泛能站。相应完成 4# 泛能站剩余的 50% 建设。同时，配合区块八产业建设，6# 泛能站规模按照 50%建设。

2017 年，相关产业逐渐达产，住宅入住率渐渐达到峰值，区块四办公区域开始建设。完成 2# 和 3# 泛能站按照 100%规模建设。

2018 年，建设 6# 泛能站剩余的 50%设备规模。至此，所有泛能站系统建设完备，并完成区域泛能站与各子泛能站以及子泛能站与子泛能站之间的热力、蒸汽和电力互联网络建设。

2. 肇庆新区泛能网项目

肇庆新区为肇庆市新设行政区域，位于广东中部偏南地区，规划范围全部位于鼎湖区内，规划区面积 115 平方千米，占鼎湖区面积（552.39 平方千米）的 21%。新区战略定位为"国家低碳绿色发展示范区，珠江三角洲健康宜居理想城市，肇庆市行政文化中心"。

新区划分为 17 个地块，根据每个地块用能特点、地块范围，通过负荷优化、量化筛选技术设计能源系统，规划建设 23 个天然气分布式能源站，并优化选址。各站根据站址周边条件，选择性地集成冷热电联供（combined cooling heating and power，CCHP）、太阳能光热、风光互补、污水源利用、电制冷、蓄能等技术，实现能源/资源的梯级、循环、高效利用，以最低的环境代价换取客户可接受的能源账单。根据各地块的负荷密度，对电力网、燃气网、热力网做了最为经济的规划布局，沟通各站之间的物理联系，并利用以信息技术为支撑构建的控制网、传感网、互智网实现能源网、站的优化调度和管控。现阶段已启动了 1#、2#、3#、4#、5# 能源站的建设工作，其中 2#、5# 能源站均已完成工程设计，正在进行工程建设。

通过泛能网在肇庆新区的实施，能源基础设施总体建设规模通过优化后降低 17%；与常规供能方式相比，新区能源消耗总量减少 27% 以上，温室气体排放减少 53% 左右，$PM_{2.5}$ 大气污染物排放减少 38% 左右；万元 GDP 能耗为 0.3 吨标准煤，万元 GDP 碳排放强度为 0.2 吨，能源综合利用效率达 80% 以上，达到新区总体规划与低碳规划相关指标目标要求。能源网络智能化覆盖率可以为能源网系统实施运营提供调度、优化的保障，为保证能源网系统高效、高质运行，需满足能源网络智能化覆盖率达到 90% 以上。

泛能网技术正遵循"从小到大、由简入繁"的原则，逐步扩大单体项目的规模，在项目实施过程中不断更新升级其四大核心产品体系，预计到 2018 年中德生态园项目建设完成后将形成标准化、模块化泛能网城区应用方案，在 2030 年前完成全国推广，到 2050 年在全国范围组网，实现跨区域能源优化调度。

（四）工程的经济社会价值分析

我国现有生产体制下存在严重的行业壁垒、企业围墙，能源无法实现梯级利用，造成大量余能浪费和能源品质错配，终端用能客户也未充分考虑能源、资源、智能的复合叠加效应，造成综合利用率低下。据不完全统计，我国当前综合能源利用效率仅为33%左右，距离日本的57%、美国的51%相差甚远。泛能网技术的广泛应用，将有效改变这一现状，提升能源综合利用效率，调整能源结构，加速能源的清洁化和智能化进程。

在节能方面，与传统的供能方式（即园区内电力和制冷需求由市电供应，采暖和工业蒸汽需求由市政热力供应，生活热水需求由燃气锅炉供应）相比，中德生态园泛能网系统每年节省15.0万吨标准煤，节能率达到50.7%。降低园区万元GDP能耗需要从调整园区能源结构和产业结构入手，在能源供应端利用泛能网提升供能效率，在能源利用端调整产业结构控制入住企业能耗。生态园区建成后泛能网系统供应园区大部分能源需求（冷、热、热水、工业蒸汽、部分电负荷），年耗能14.9万吨标准煤；2020年生态园地区生产总值目标为150亿元，核算万元GDP能耗约为0.23吨标准煤，其中泛能网系统承担45%~50%，工业生产能耗承担40%~45%，交通承担5%~10%。中德生态园万元GDP能耗在规划落实后2015年达到0.25吨标准煤，2020年将达到0.23吨标准煤，远远低于青岛目前的万元GDP能耗0.77吨标准煤，山东万元GDP能耗1.025吨标准煤。

在调整能源结构方面，中德生态园经过泛能网系统的实施，能源结构得到了极大的改善。泛能网系统主要能源供应以天然气、太阳能、风能、地热能、水源热能等清洁能源组成，清洁能源利用率达到80.4%，可再生能源利用率达到20.6%。

在减碳方面，中德生态园规划到2020年单位碳排放强度为220吨CO_2/百万美元，比国家碳排放强度下降90%，远远超过国家要求的下降水平；低于2013年世界平均水平（578吨CO_2/百万美元）62%；达到2013年欧盟220吨CO_2/百万美元的单位碳排放强度水平（蔡斌，2016）。

在污染物减排方面，中德生态园泛能网系统的污染物排放与传统能源污染物排放相比，CO_2、SO_2、NO_X、粉尘减排量分别为51.93万吨、0.55 万吨、0.38 万吨、0.21 万吨；减排效果为 CO_2 减排率是 64.6%，SO_2 减排率是 86.1%，NO_X 减排率是 70.8%，粉尘减排率是 81.5%。

当然，新技术的应用必将带来初始投资成本的上升，但如果从项目全生命周期成本的角度来看，泛能网方案不但可以带来环境成本优势，在经济成本上也将形成效益。分析表 4-4 可以发现，泛能网方案与传统集中式供能方案相比投资增加 4.2 亿元，但年运维成本减少 2.13 亿元，静态增量投资回收期约 2 年；与传统分布式供能方案相比投资增加 0.9 亿元，但年运维成本减少 0.9 亿元，静态增量投资回收期约 3 年。

表 4-4　中德生态园泛能网项目经济分析

项目	传统集中式供能方案	传统分布式供能方案	泛能网方案
系统配置	城市集中供热+市电+燃气管网	燃气多联供+燃气锅炉+水冷机组+市电+燃气管网	泛能站+泛能微网
能源消耗总量/吨标准煤	295 146	282 639	149 380
节能率/%	—	4.20	50.70
CO_2 减排率/%	—	12.70	64.00
清洁能源利用率/%	6.12	32.40	80.40
可再生能源利用率/%	0	0	20.60
总投资费用/亿元	15.0	18.3	19.2
年运行费用/亿元	2.53	1.3	0.4
静态投资回收期/年	9	8	11

泛能网作为可再生能源、天然气、电力、互联网以及智能控制等多行业融合的系统性工程，远非一两家企业参与就能完成的，未来泛能网的实施必将是一个多行业、多企业价值共建和价值共享的过程。例如，泛能网建设商将获得建设项目的收入与利润；泛能网运营服务商获取长期的持续性运营服务收入；电网公司将降低终端建设和调峰成本；新能源和燃气企业将增加能源销售收入；终端客户在降低能源账单的同时还将享受更高的可靠性和更便利的使用性；政府也将会借此实现地方经济升级、提升绿色 GDP 比重、树立更加正面积极的政府形象。

三、分布式发电与微电网

（一）国内外发展现状及趋势

相对于传统集中式发/供电而言，分布式发/配电的主要特点为电源小型化、模块化，如分布式光伏发电机组、分布式风力发电机组、小型内燃机组、微型燃气轮机组、燃料电池和储能发电装置等，分布式发电可充分利用可再生能源发电技术和冷热电联供技术。

当今，欧美发达国家电力系统发展的驱动力主要来源于提高能源利用效率，解决可再生能源并网发电技术问题，降低电厂温室气体及污染物的排放，降低系统能耗，实现电网智能化以及提高电网可靠性和建立更加完善的电力市场等方面。近20年来，风力发电、光伏发电和生物质能发电等利用可再生能源的电力技术在欧美等发达国家发展迅速，并已经占领了先机。

近年来，非常规天然气的开发快速增长，产量的提高和技术的不断完善使其生产成本显著降低，用非常规天然气作为燃料的、可实现冷热电联供的微型燃气轮机组在发达国家得到了较为广泛的应用。这种冷热电联供方式不仅使一次能源的利用效率明显高于传统火电厂，而且在温室气体及污染物的排放方面亦明显优于传统火电厂。

微电网是指与邻近的负荷共同组成的小型发/配电系统，且由相对独立的保护装置、监控系统和能量管理系统实现自我控制、保护和管理，其既可以与大电网并网运行，也可以孤立运行。

欧盟在2006年发布的《欧洲智能电网技术平台——欧洲未来电力网络发展战略和远景规划》的报告中提出欧洲从《欧盟第七研究框架（2007—2013年）计划》开始建设智能电网，建设目标是建立以集中式供电和分布式供电相结合的供电灵活、接入友好、供电可靠的，经济的，可持续发展的欧盟智能电网。微电网因其能对分布式供电进行有效的管理，已成为欧盟智能电网的重要组成部分。欧盟已在雅典国立技术大学、德国卡塞尔大学、法国巴黎高等矿业学院，以及西班牙的毕尔巴鄂市、意大利米兰市和丹麦的博恩霍尔姆海岛等地建立了微电网示范平台，其中丹麦的博恩霍尔姆微电网为中压示范平台，对微电网孤岛运行、并网同期方法和提高风力发电渗透率的问题进行了重点研究。

2005~2008 年，美国在俄亥俄州的美国电力公司的 Dolan 技术中心建立了示范性测试微电网，针对微电网电源的控制策略、微电网保护和微电网的"无缝切换"控制策略等相关课题进行了深入研究，在 2009~2010 年，进一步对促进微电网投入商业运行的措施进行了技术评估，对商用建筑物采用微电网进行热电联产做了示范性实验。从 2011 年开始对微电网的智能化管理进行持续的研究。美国能源部的较长远的目标是："推广建立具有商业价值的小型微电网（<1 兆瓦），大幅度提高供电可靠性，降低 20%以上的有害气体排放，至少提高 20%以上的能源利用效率。"

日本由于国内能源稀缺，一直致力于利用可再生能源降低石油依存度。太阳能是资源潜力最大的可再生能源，自福岛核事件之后，日本将太阳能产业作为日后的最大发展目标。日本从 2006 年开始研究含无功补偿装置和具备潮流控制功能的新型微电网，该新型微电网可满足不同用户对多种电能质量的需求。仙台市微电网项目和青森县微电网项目被列入其中。仙台市微电网包含微型燃气机组发电、燃料电池、光伏发电等分布式电源以及电能质量补偿装置和不间断供电装置，仙台市微电网可提供 A、B1、B2 和 B3 四种从高至低的供电质量。2007 年仙台市微电网项目投入商业运行。青森县微电网采用了环网结构来提高供电质量和供电可靠性。日本政府新的能源发展规划目标是到 2030 年可再生能源在能源结构中的比例提高到 30%。

与发达国家相比，我国在微电网技术的理论研究和工程应用方面还存在很大的差距。国内对可再生能源利用技术的研究，前期主要集中于单一种类的风力发电、光伏发电、燃气轮机等分布式发电技术和超导、飞轮、超级电容等分布式储能技术。近年来，为了鼓励和支持对微电网技术的研究，促进可再生能源的有效利用，国家自然科学基金、国家高技术研究发展计划（863 计划）、国家重点基础研究发展计划（973 计划）等陆续立项，国家电网公司"十一五"期间也安排了重点攻关项目。目前，科研人员已从理论层面、技术层面、实验平台及示范工程的建设方面逐步展开对微电网的深入研究。

（二）在未来能源体系中的作用

在低碳经济的发展目标下，分布式能源在国际上的发展十分迅猛，在能源系统中的比例不断提高，正在给能源工业带来革命性的变化。如今，以天然气为燃料的燃气蒸汽联合循环热电联产系统发展迅猛，同时，风力发电、太阳能光伏发电、生物质能发电等可再生能源发电系统亦在快速发展，今后，随着户用分布式能源系统的发展（如屋顶太阳能光伏发电和燃料电池发电技术等），家庭已不再单纯是能源的消费者，同时也成为能源的生产者和销售者。在可以预见的将来，分布式能源将成为未来能源工业发展的主力军之一。

目前，我国处于工业化、城镇化加速发展阶段。但是，能源危机、环境污染和温室效应三重压力叠加成为发展的瓶颈。要破解能源资源约束、缓解生态环境和减少温室效应的压力，就必须积极利用新兴的可再生能源和洁净能源，加大资源综合利用力度，逐步削减重点行业污染物排放量，努力形成科学、绿色、低碳的能源生产和消费模式。

我国已公布的《可再生能源发展"十三五"规划》中，计划到2020年非化石能源占一次能源消费比重将达到15%，2020年可再生能源发电装机达到6.8亿千瓦，发电量1.9万亿千瓦时，占全部发电量27%的目标，其中水电装机规模将超过1亿千瓦，2020年年底风电并网装机规模确保达到2.1亿千瓦以上，太阳能发电并网装机规模确保实现1.1亿千瓦以上，生物质发电装机达到1 500万千瓦，年发电量超过900亿千瓦时。另外，根据《关于发展天然气分布式能源的指导意见》，我国计划至2020年将在全国规模以上城市推广使用分布式能源系统，装机容量达到5 000万千瓦。即便如此，我国新兴能源和洁净能源的消费比例还远低于欧美发达国家。因此，在今后的若干年内我国要加快减少能源对煤炭的依存度，提高新兴的可再生能源和洁净能源的消费比例。这将导致利用分布式电源的分布式发电系统在今后的智能电网体系中不断涌现。

现有研究表明，将分布式发电系统以微电网的形式接入大电网并网运行，与大电网互为支撑，是发挥分布式发电系统效能的最有效方式。在未来能源体系中，微电网的魅力在于能提高一次能源利用效率，可以提高可再生能源利用比例，能够协调管理分布式发电和能为电力市场引入良性竞争，促进工业化、信息化、城镇化、农业现代化与生态文明协调发展，加快美丽中国建设。

（三）工程方案及实施计划

1. 工程方案

（1）在我国经济发达地区建设若干"分布式发电与微电网"应用示范城市，在示范城天然气热电联产发电量、中小型风电场发电量、垃圾填埋场沼气发电或垃圾焚烧发电量以及冷热电三联供为主体兼顾建筑光伏（储能）电站组成的微电网内，分布式电源发电量要占城市总消费电量的10%。

（2）在我国经济发达地区建设若干以大型畜禽养殖场沼气发电、稻壳等农林废弃物气化发电为主，兼顾建筑物光伏发电和小型风力发电的"分布式发电与微电网"应用示范乡镇。

（3）在经济欠发达地区推广建设若干利用当地方便获取的可再生能源或洁净能源的"分布式发电与微电网"应用示范城区、示范厂区、示范乡村。

（4）在人口稀少但日照、风力或水利资源丰富的海岛岛屿和偏远无电地区建设"分布式发电与微电网"应用示范岛、示范乡镇。

（5）在日照、风力资源丰富的荒漠地区利用光伏电站和风电场提供的电能，通过储水和灌溉设施建设生态绿洲"分布式发电与微电网"应用示范区。由于对供电系统的电能质量和供电的连续性没有严格的要求，生态绿洲建设可以大量吸纳"不可控"的光伏发电与风电，避免已建成的光伏电站和风电场弃光、弃风。

2. 实施计划

在现有"分布式发电与微电网"应用示范工程的基础上推广"分

布式发电与微电网"应用的范围，在已施行《中华人民共和国可再生能源法》《中华人民共和国节约能源法》的基础上，尽快出台"能源法"。国家以立法形式促进清洁能源发展，实现能源结构转型，保障国家能源安全。政府通过政策引导、资金扶持和税收减免等方式加以推动。

1）第一阶段要开展的工作

（1）制定"分布式发电与微电网"实施的技术路线图，加强研究开发、示范和推广等各环节的衔接，增加新技术的工程化试验和示范项目投入。

（2）制定分布式电源接入电网的并网国家标准，建立能效标准和等级评价体系，保证政策实施的公平合理。

（3）推动产、学、研、用相结合，建立有效的研究开发、示范推广机制，建立共性和共享技术联合开发机制及以利益和知识产权分享为纽带的技术研究与设备制造转化平台，培养一批掌握"分布式发电与微电网"核心技术的人才队伍和专门从事"分布式发电与微电网"以及具有微电网运行特征的高压小型电网建设和运行的人才队伍。

2）第二阶段要开展的工作

（1）制定相关的资金扶持和税收减免政策，对投资和运行"分布式发电与微电网"项目的企业及个体进行补贴，鼓励其投资能源利用的先进技术，鼓励发展清洁环保的分布式能源。

（2）制定合理的配套价格体系，提高分布式能源项目的投资吸引力，引导和鼓励"分布式发电与微电网"项目的发展。

（3）扶持从事分布式发电与微电网相关的装备制造的重点企业，使这些企业在产品质量、自主研发、管理水平和企业效益等方面有较大提高；使中国制造的装备在质量上达到国际同类制造企业所生产装备的水平，在价格上比国际同类制造企业有明显的竞争优势。

3）第三阶段要开展的工作

（1）紧密跟踪世界前沿技术发展，加强交流合作，提升技术创新能力。

（2）消除体制障碍，落实激励政策与配套资金，完善辅助与保障措施，扩大示范范围。

（四）工程的经济社会价值分析

通过实施"分布式发电与微电网"项目工程可推动我国可再生能源发电相关产业的发展，使输/配电以及消费领域所需要的关键技术与装备实现自主化，部分技术和装备达到国际先进水平。

通过实施"分布式发电与微电网"项目工程实现相关技术的突破和自主创新，使我国在新能源开发和利用技术的研发方面能够与世界主要发达国家比肩，能在新能源产业和新一轮经济增长中保持技术大国和经济大国地位。

"分布式发电与微电网"项目工程实施将对我国产业结构调整和产业升级起到重要的促进作用，能够显著提升配电网对分布式电源的接纳能力，提高分布式可再生能源的利用率，从而减少化石资源的消耗量和温室气体排放，这不仅对于缓解我国能源需求增长与能源紧缺、能源利用与环境保护之间的矛盾具有重要意义，而且会产生巨大的经济效益。

大力推动"分布式发电与微电网"项目工程，能够有效提高新能源生产规模及其在能源消费中的比重，减少对世界能源市场的依赖，这对我国具有重要的战略意义。

发展"分布式发电与微电网"项目工程的经济社会价值主要体现在它是建设资源节约型、环境友好型的两型社会不可或缺的一部分。其产生的各种直接与间接的经济效益，主要表现在以下方面：①降低输配电系统的线损；②采用冷热电三联供可明显降低用户能源使用成本。

"分布式发电与微电网"多采用天然气、轻质油或可再生清洁能源，发电过程中 SO_2、NO_2、CO_2、粉尘、废水废渣的排放将明显减少，电磁污染也比传统的集中式发电要小得多。若以污染物造成损害的价值、污染后果的清除与损坏赔偿补救成本以及预防污染发生的成本作为计量基础计算产生的环境效益，显然其价值之大是难以估量的。

四、智能建筑

（一）国内外发展现状及趋势

工程实践方面，国外智能化建筑起步早，发展快。1984 年，全球第一栋智能建筑 City Palace 诞生于 1984 年的美国康涅狄格州哈特福德市；日本在 1985 年开始建设智能建筑，新建的大厦中有近 60% 为智能型；欧洲国家智能建筑的发展基本上与日本同步启动，智能建筑主要集中在各国的现代化都市。在我国，智能化建筑起步稍晚，但发展较为迅猛。我国智能化建筑兴起于 20 世纪 90 年代，到 20 世纪末，国内已建成 1 400 栋智能化建筑，其中 180 米以上的已达 40 多栋。比较著名的智能建筑有上海金茂大厦、北京京广中心智能化住宅。据预测，21 世纪全世界的智能建筑将有一半以上在中国建成。

政策配套方面，国外智能化建筑政策配套较健全。在欧洲，《京都议定书》与《欧盟建筑能源性能指令》对欧洲（欧盟和非欧盟）各国绿色建筑都有指导和参照作用；英国从基本法案、行政管理法规以及专门法规对绿色建筑进行行业规制；美国绿色建筑政策法规采取"胡萝卜+大棒"的模式，政策法规的强制性与自愿性相互结合、相互补充。我国智能化建筑相关政策由鼓励、零散逐渐转向集中与系统，逐步由单纯关注建筑自动化、智能化发展为智能、节能同步进行。《智能建筑设计标准》（GB/T 50314—2006）对智能化建筑的定义中，追加了生态、环保、可持续发展的内容。"十二五"期间，我国出台了多项政策标准，仅 2012 年，就出台了国家标准 5 项、行业标准 7 项、产品标准 7 项、地方标准 3 项。此外，我国也开始探索将可再生能源与建筑相结合，如 2013 年 5 月 1 日开始实施的《可再生能源建筑应用工程评价标准》（GB/T 50801—2013），为建筑产能积极创造条件。然而，相关政策和标准是彼此独立的，系统性不够，对政策标准的有效性产生了一定的不利影响。

经济激励方面，国外智能化建筑经济激励力度较大，方法多样。英国通过征收化石燃料税、设立节能信托基金、补贴设备投资和技术开发项目、税收优惠等方式鼓励绿色节能建筑的发展。美国对节能30%或50%以上的,每套住宅减免1 000美元或2 000美元的税收;新加坡政府从2006年12月15日起每年提供2 000万新加坡元作为奖励资金,用于奖励在绿色建筑认证评价中达到黄金级及以上等级的建筑。我国对绿色建筑的经济激励手段较多,主要的经济激励手段包括财政补贴、税收优惠、贷款优惠、奖金等,受惠范围涵盖开发商、进口商、消费者、基建建设单位、地方政府。然而,我国目前的财政补贴和税收优惠主要针对建设单位和建材设备制造商及进口商,没有直接对消费者的税收优惠政策,这对从需求侧拉动智能化建筑是不利的。

智能建筑已成为目前世界建筑发展的趋势。国内外智能化建筑朝着绿色化、产能化和同步化三个方向发展。越来越多的智能化建筑方案将提高能效、降低能耗作为建筑设计的原则,智能建筑与绿色建筑的合二为一成为一种趋势。随着太阳能光伏技术、光伏建筑一体化技术、太阳能光伏组件生产技术的成熟,智能建筑正在从示范工程的应用,逐步向工程的规模化运用发展。智能传感技术与智能控制技术的发展和应用、信息网络与控制网络的融合和统一,将提升智能化建筑能耗控制和管理的效率。

(二)在未来能源体系中的作用

绿色智能建筑在未来能源体系中的作用,可以概括为"开源""节流""协作"三个方面。

1. 开源——绿色智能建筑将成为能源供应新主体

世界上建筑能有效利用光伏发电的面积远大于光伏电站太阳能电池板的总面积之和,人类生产生活产生的垃圾还包含着巨大的化学能,其他诸如风能、地热能等都能被建筑较为方便地利用。这表明绿色智能建筑可以随时随地收集新能源与可再生能源,一方面满足自己使用,另一方面也能转化为二次能源(主要是电能)参与更广泛范围内的能源分配。可以断定,今后的产能主体不再局限于传统电站,绿色智能建筑也将参与能源生产。

2. 节流——绿色智能建筑将大大降低建筑能耗

诸多理论研究和工程实践表明，绿色智能建筑通过优化设计，改善围护结构，采用新能源和可再生能源等技术，可以极大地降低能耗。在化石能源日益枯竭的今天，绿色智能建筑的出现能显著降低建筑单位面积能耗，避免建筑对能源的过度需求而造成的能源危机，为建筑从传统能源到可再生能源的过渡争取宝贵的时间。

3. 协作——绿色智能建筑将成为能源生产消费新体系的重要组成部分

1）绿色智能建筑是智能电网的实现载体

智能电网的系统命令是以信息化、虚拟化的网络传送，传送过程无法看见，电网系统设定以及本身的好坏无法通过电网自身的输送运转判断，只有以智能化建筑、设备等载体的运行表现作为反馈意见进行实际评判。因此，智能化建筑对于智能电网的发展必不可少，是智能电网的实现载体。

2）绿色智能建筑是分布式能源系统的交互平台

绿色智能建筑可以看成是绿色节能建筑与分布式能源的融合。可以预见，未来数量众多的分布式能源必将全部或部分地融合或依附于智能化建筑。绿色智能建筑在某种程度上为分布式能源系统提供了场地，能够更加合理地利用日益稀缺的土地。因此，绿色智能建筑是分布式能源的交互平台。

通过分布式能源系统的连接，全世界所有的绿色智能建筑都可以进行充分互联，电能可以在不同的绿色智能建筑之间进行有效的传递和配置，传统的"发电站—电网—智能化建筑"的电能生产-配送方式将变为"绿色智能化建筑—分布式能源—智能电网—绿色智能建筑"的新型电能生产-配送方式，该方式必将提升电能使用的效率和可靠性，从而对能源生产和消费革命提供有效支撑。

（三）工程方案及实施计划

由于绿色智能建筑具有节能、产能、智能控制的特性，因此，绿色智能建筑的关键技术也分为节能、产能、智能控制方面。本部分归纳出三大类 12 项技术，下面分别阐述。

1. 绿色智能化建筑关键技术

1）节能关键技术

当前，绿色智能化建筑节能关键技术主要集中于智能化建筑规划设计技术、建筑围护结构节能技术、电气设备节能技术、能耗精确管理技术、BIM（building information modeling/management，即建筑信息建模/管理）信息建造技术五个方面。

（1）建筑规划设计技术。绿色智能建筑规划设计节能是指建筑被动节能设计所涉及的建筑被动通风、采光、照明等性能特征。它是从智能建筑单体设计的角度实现建筑自然通风、自然采光、节能降耗等要求的建筑物特征。绿色智能建筑规划设计被动节能技术主要指标包括建筑朝向、体形系数、建筑表面积系数、日照间距、窗墙比、建筑形态、建筑布局等。

（2）建筑围护结构节能技术。绿色智能建筑围护结构是分割建筑室内与室外的重要构件，有围护结构的建筑热损失在建筑能耗中所占的比例也是最大的。绿色智能建筑围护技术包括采用热工性能好的材料作为智能建筑材料的智能建筑围护材料技术，针对屋面保温隔热的智能建筑屋面节能技术，针对节能薄弱部位——外门窗的外门窗节能技术，直接影响人体舒适度的楼地面节能技术。

（3）电气设备节能技术。据统计，大型智能建筑能耗中，采暖和空调系统能耗占 50%~60%，照明和插座能耗占 20%~30%，电梯能耗占 8%~10%。照明节能技术主要依靠合理的建筑设计而充分利用自然采光，或采用照明自动控制系统合理控制照明的范围、时间和强度；节能插座主要解决待机能耗问题和开机能耗问题，现在有些智能插座已经可以通过相关家电联动关闭的方式实现节能；空调节能技术通过群控冷水机组，合理设定空气处理机组的送风量、对部分末端风机盘管进行手动与自动相结合的方式，达到空调系统节能的目的；电梯节能主要体现在电能、空间、时间上，一般与电梯性能、配置和控制相关。电梯节能的关键在于三点：电梯曳引机的节能、变频器再生能量回馈节能和电梯群控制技术的节能。

（4）能耗精确管理技术。精确的能耗计量可以影响人的行为对能耗的影响，促使人们行为节能，管理节能。同时建筑能耗实时记录与准确计量也是智能化建筑节能的基础。智能建筑能耗计量与管理的关键是分类、实时记录并保证计量精度。绿色智能化建筑的主要能耗监控对象可分为采暖系统、热水泵（一次泵、二次泵）、冷水机组、冷冻水泵、冷却塔、冷却泵、楼层空调、新风机组、通（排）风系统、数据通信与通信机房系统、消防供电、厨房、生活水泵、给排水系统、照明系统、电梯（运输）系统等。

（5）BIM 信息建造技术。BIM 经过 21 世纪第一个十年在全球工程建设行业的实际应用和研究，已经被证明是未来提升建筑业和房地产业技术及管理升级的核心技术。BIM 技术的产业化应用，具有显著的经济效益、社会效益和环境效益。BIM 信息建造技术中，不同软件之间在建筑节能中可实现不同的节能效果，BIM 信息建造技术的模拟性和优化性在绿色智能建筑节能中具有重大的应用。

2）产能关键技术

绿色智能建筑产能，主要指在智能建筑物上利用太阳能、风能、生物质能、地热能等可再生能源产生热能或电能，直接供应智能建筑的日常能源消耗，从而降低智能建筑对外界能源的需求以达到自给自足，降低能耗的目的。产能关键技术包括绿色智能建筑中的太阳能利用技术、地热综合利用技术、生物质能利用技术、风能利用技术。

3）智能控制关键技术

（1）智能化集成技术。建筑智能化系统集成将充分利用现代计算机网络通信与信息技术，将建筑内部众多的智能化子系统集成在一体化的高速通信网络和统一的系统平台上，实现统一的人机界面和跨系统、跨平台的管理与数据访问，实现信息综合管理和资源共享，达到建筑综合管理、指挥调度、运营与维修管理、客户服务管理、物业管理智能化的目的。

（2）设备自动管理技术。建筑设备管理系统是智能化建筑的重要组成部分，是智能化建筑的控制终端。建筑设备管理系统包括空调自动化系统、供配电综合自动化技术、照明控制系统、给排水自动控制系统和电梯控制系统几类。

（3）室内环境调控技术。智能建筑环境调控技术包含两个方面，即被动式技术和主动式技术。被动式技术是通过安排合理的建筑朝向、建筑布局、建筑构造等措施，充分利用已有的自然环境改善建筑室内环境的方式。被动式技术所关注焦点主要在改善室内的热、光、风环境，需要充分利用太阳辐射与自然通风。主动式技术通过采用机械和电气的手法，在节能和提高能效的前提下，按"以人为本"的原则，改善室内生态环境。

（4）公共安全与预警技术。建筑公共安全是生产生活的基本，绿色智能化建筑除了舒适、节能之外，也必须重视安全。因此，公共安全系统也是智能化建筑的重要组成部分。智能化建筑的公共安全系统包括火灾防范系统、闭路电视监控系统、防盗报警系统、智能卡、门禁和一卡通系统。建筑预警系统主要是建筑结构安全、外部与内部防雷系统等。

（5）智能家电技术。家居智能化技术起源于美国，最具代表性的是X-10技术，通过X-10通信协议，网络系统中的各个设备便可实现资源的共享，因其布线简单、功能灵活、扩展容易而被人们广泛接受和应用。网络化的智能家居系统可以提供家电控制、照明控制、窗帘控制、电话远程控制、室内外遥控、防盗报警以及可编程定时控制等多种功能和手段，使生活更加舒适、便利和安全。

（6）综合信息处理技术。综合信息处理技术的概念类似于办公自动化系统（office automation system，OAS）与通信自动化系统（communication automation system，CAS）相关技术。与前面五种技术相比，综合信息处理技术的对象是输入输出建筑的各种信息，目的是在合适的时间通过合适的方式将合适的信息传递给合适的人。在第三次工业革命"信息互联"的背景下,智能化建筑将不再是信息孤岛,而成为能源信息云体系的一个节点。实现这一目标的技术基础正是综合信息处理技术,绿色智能建筑综合信息处理技术包括信息网络、数字通信、工业以太网技术等,该技术将构成智能建筑内部、智能建筑与其他能源生产消费主体的信息血脉。

2. 绿色智能建筑发展实施计划

绿色智能建筑对改善生态环境,支持可持续战略,满足能源生产消费革命意义重大。然而,由于其成本较高,涉及技术众多,不确定性较大,因此绿色智能建筑的推广不能也无法一蹴而就,必须进行系统分析,制定科学的、系统的、循序渐进的计划。本书对智能化建筑的推进计划可以概括为:先逐步试点再整体推进,先公共建筑再居住建筑,先普及节能再推广产能,先政策引导再市场促进。

1)先逐步试点再整体推进

国内外的理论和实践经验表明,国民经济越发达,环保意识越强烈,科学技术越先进的地方,智能化建筑发展得越好。因此,绿色智能化建筑可以在我国经济较发达地区,如长江三角洲、珠江三角洲和环渤海地区率先试点,并不断总结试点过程中的经验和教训,然后适时向周边区域辐射,直到最终覆盖全国。这样做的好处是可以将智能化建筑推进的风险降低,同时边实践,边摸索,边总结,边创新的思路也更加符合新生事物发展演进的规律。

2)先公共建筑再居住建筑

由于公共建筑单位面积能耗远高于居住建筑,而随着社会的发展,公共建筑的数量也将增长,因此控制能耗总量,关键是控制公共建筑能耗。首先,只有率先实现公共建筑智能化,包括对既有公共建筑进行智能化改造,以及对新建公共建筑按照绿色智能化要求进行设计,才能抓住建筑能耗激增与控制能耗总量的主要矛盾;其次,公共建筑体量大,设备多,信息化程度高,因此节能潜力可观,产能条件优越,智能化控制基础成熟,率先实现公共建筑智能化,也更容易取得成功；再次，公共建筑人流量大，建筑智能化带来的优势能被更多人切身感受到，有利于人们认可和接受智能化建筑；最后，公共建筑往往是城市的地标和名片，而智能化建筑又是一个地区经济和技术的象征，大力发展智能化公共建筑，有利于城市形象的提升，有利于吸引资金，提升地方的经济社会发展。

公共建筑智能化实现到一定程度，可以开始尝试实现居住建筑的智能化。一般而言，由于对公共建筑实现智能化的过程中已经积累了丰富的经验和教训，因此对居住建筑的智能化改造所面临的不确定性要小很多。

3）先普及节能再推广产能

当前绝大多数建筑都是净耗能终端，现在直接要求建筑具有与电站相媲美的产能能力还不现实，而建筑节能技术研究与工程实践已经取得了较多的突破和经验，并且节能技术可以在一切建筑物上得到应用，因此需要先大力发展建筑节能技术，全面提升建筑能效。建筑虽然具有较大的产能潜力，但为建筑追加发电站级别的发电功能还存在两大技术难题：一是建筑产能技术尚不成熟，利用新能源与可再生能源的技术存在效率低、可靠性差、成本高、受地域和环境影响大等缺点；二是绿色智能化建筑与智能电网、分布式能源之间相互融合还存在不少障碍，因此应该以研发为主，工程应用为辅，不断总结与提高，待技术成熟后，再进行大规模推广应用。

4）先政策引导再市场促进

与普通建筑相比，绿色智能建筑的购买价格较高，节能带来的经济收益短期内无法实现，在市场竞争中处于劣势。为此，政府需要制定相应的政策，扶持智能化建筑的发展，具体政策包括：激励性政策，如对智能化建筑开发商、既有建筑智能化改造方，以及购买或租用智能化建筑的消费者进行财政补贴、税收优惠、政策扶持；惩罚性政策，如对高能耗的建筑及其相关参与单位进行罚款，提高市场准入门槛，对于未达到建筑智能化标准的项目不予立项等。只有这样，才能让绿色智能化建筑有机会显示其相对于普通建筑的优势和价值，让投资者充分意识到选择智能化建筑所花费的投资是值得的。到这一步，就可以发挥市场合理配置资源的作用,实现智能化建筑市场化发展(许锦峰等,2014)。

(四)工程经济社会价值分析

1. 经济价值

绿色智能化建筑带来的经济价值是多方面的。下面分别从政府、企业、消费者三个方面加以论述。

1)政府的价值

政府方面的收益来自于节能减排产生的常规能源开发投资额减值和增加的就业机会。智能化建筑越多,意味着能源节约与生产得越多,在社会能源总需求一定的情况下,社会经济发展对常规能源的依赖就越小,政府对其的投资额就越低,对政府而言,这方面开支的减少可以成为一项收益。绿色智能建筑有助于低碳城市的形成,可以吸引更多投资。同时,由于智能化建筑必将推动相关产业链的发展,因此将带来大量的工作岗位和就业机会。

2)企业的价值

企业方面的收益来自于政府的财政激励收益、节能减排产生的额外附加收益和企业的品牌收益。绿色智能化建筑符合低碳城市发展模式,受到政府政策的扶持。作为智能化建筑的开发者,企业也必然得到政府的财政激励,包括直接补贴、利率优惠、税收减免等。绿色智能化建筑的功能较普通建筑有所提高,并且能耗强度更低,企业能够通过适当提高售价和租金,从而增加收益。此外,企业开发或参与绿色智能化建筑或与之有关的工作,体现了企业的社会责任感,从而容易得到政府的认可、消费者的青睐、同行业的尊敬,对于企业提升品牌价值具有不可估量的作用。

3)消费者的价值

消费者方面的收益来自能源费用节省和政府对消费者的财政激励。消费者选择智能化建筑,能节省大量的能源费用。绿色智能化建筑价格较高,欧美等发达国家对购买节能产品的消费者有财政补贴。

2. 社会价值

绿色智能建筑除了可以带来经济价值外，还能带来社会价值。虽然社会价值不能直接用货币衡量，但对于社会进步与发展来说仍然至关重要。智能化建筑带来的社会价值主要包括：营造良好的工作生活环境，减少社会发展对环境的压力，提升城市形象，继承和发扬天人合一的优秀传统。

综上所述，绿色智能化建筑具有较大的经济价值和社会价值，对于生产、生活、生态都具有积极意义。绿色智能化建筑的普及和推广，必能调和能源与发展的矛盾，在降低能耗的同时，维持并改善生活品质。在智能电网和分布式能源的协同作用下，绿色智能化建筑的价值，必将能得到更大的发掘和提升。

第五章　推动中国能源生产消费革命的政策建议

第三次工业革命正在对我国能源生产和消费产生系统性、根本性的影响。为抓住机遇，积极推动能源生产与消费革命，我国政府必须高瞻远瞩，提早规划和部署，本书重点从能源生产与消费革命的价格政策、财政税收政策、国际化经营政策、国际合作政策方面提出相应的建议，力争为能源生产和消费革命的实现提供必要的保障。

一、推动中国能源生产消费革命的价格政策

（一）政策需求分析

我国能源生产与消费中出现的问题，如消费量增长过快、使用效率不高、可再生能源发展持续性动力不足等，很大程度上与我国现行的能源价格机制不完善有关。能源价格改革已经开展多年，但出于诸多原因，一直没有大的成效，其中煤炭价格改革力度最大。我国煤炭价格从 2002 年起拉开市场化改革的序幕，历经多次变化，直至 2012 年 12 月 25 日，国务院发布《关于深化电煤市场化改革的指导意见》（国办发〔2012〕57 号），决定自 2013 年起，取消重点合同，取消电煤价格双轨制。这意味着，历时 16 年的煤炭价格双轨制和历时几十年的煤炭订货从 2013 年起正式退出历史舞台，煤炭价格全面实现市场化。此外，我国原油价格也已基本上实现市场化，而成品油、电力、天然气等仍然由政府定价，未实现市场化定价。我国现行能源价格机制不完善主要表现在：其一，没有充分反映生产成本之外的社会成本，导致能源使用效率低下，浪费严重。其二，包括已实现市场化定价的

能源品种在内，由于产、供、销各环节存在大量不合理税费，因此各能源品种之间的价格机制未理顺，风能、太阳能等可再生能源与这些扭曲的化石能源价格相比始终处于难以与之合理竞争的地位。其三，激励清洁能源开发利用的长效价格机制尚未建立（陈柳钦，2014）。

2014年6月13日，习近平总书记在中央财经领导小组第六次会议上，就推动能源生产与消费革命提出五条重大举措：推动能源消费革命，抑制不合理能源消费；推动能源供给革命，建立多元供应体系；推动能源技术革命，带动产业升级；推动能源体制革命，打通能源发展快车道；全方位加强国际合作，实现开放条件下能源安全。其中推动能源体制革命是贯通上下左右的核心举措，而能源体制革命的核心则是价格机制改革。当前全球经济形势总体处于后金融危机时期，发达国家期待借助第三次工业革命实现全球经济格局的调整，这也是当前我国下大决心改革能源价格机制的好时机。

（二）政策建议

能源价格市场化改革之所以推行多年效果不显著，原因是多方面的：既有主观的因素，如政府推进的决心，利益集团的阻挠；也有客观的因素，如改革的时机不成熟，条件不具备。为切实推进能源价格改革，本书提出以下两点建议。

1. 建立完善的能源市场监管制度

"政监不分"是影响我国诸多领域改革成效的一个重要因素。相关政府部门既是政策的制定者，同时又承担政策实施的监督工作，实际工作中普遍存在"重审批、轻监督"的现象，缺乏完善的能源市场监管制度。例如，能源企业普遍存在经营信息公开程度较低的现象，公众和监管部门难以获得真实有效的经营信息。

2. 构建适度竞争的能源市场

适度竞争的市场是价格市场化改革的基础和先导，没有适度的竞争，市场中缺乏足够多的主体，信息在市场中的流动速度不仅慢，且容易失真，在这种情况下，无论是政府决定还是市场决定的价格都难以充分反映市场供求变化，价格起不到有效配置资源的目的。我国目前除煤炭市场外，油气、电力都只由少数几家国有企业垄断，油气领域三家国企——中国石油天然气集团公司（简称中石油）、中国石油化工集团公司（简称中石化）和中国海洋石油总公司（简称中海油）大体呈现上下游一体化、南北分治、海陆分割的局面；电力领域则主要被华能集团、大唐集团、华电集团、国电集团和中国电力投资集团公司五家国企垄断了大部分的发电市场。在能源领域引入多主体，构建有效竞争格局，即能源市场市场化改革必须与能源价格改革同步，没有适度竞争市场，谈价格市场化改革，无异于无源之水，无本之木。

（三）政策实施

1. 组建专业性能源监管机构

组建新的机构，或委托行业协会专门负责能源市场秩序，保障能源市场运行有序规范。同时建立一整套比较完善的能源价格监管制度，具体包括：加强信息披露制度，要求能源行业和企业按规范格式，定期披露包括成本等经营信息；规范价格听证制度，充分发挥公众的监督作用；完善惩处制度，加强处罚制度建设，加大处罚力度，严厉打击违规行为（张亮，2012）。

2. 择时分层推进

能源价格改革较大的障碍在于可能引发的经济社会影响，如在通货膨胀持续走高的形式下，能源价格改革可能进一步加剧成本推动型通货膨胀，造成社会不稳定。因此，能源价格的改革首先要尽量选择经济调整时期，如现在国际经济处于后金融危机时期，我国经济也在前期高速持续发展之后进入一个相对平缓调整期，为我国能源价格改革提供了一个好时机；其次注意循序渐进，可以先选择在生产领域，然后逐步推广到居民领域；再次引入多主体，构建适度竞争市场要区别对待，管网建设具有自然垄断属性，不宜放开，发电、炼化、销售领域可以通过吸引民营资本、外资逐步构建适度竞争市场，其中政府要加强监管；最后做好政策实施效果分析，对困难群体、公益部门等实施合理的补贴。

二、推动中国能源生产消费革命的财政税收政策

（一）政策需求分析

合理的财税政策对推动我国能源生产与消费革命意义重大。没有积极的财税政策引导，能源生产与消费难以自发突破两次工业革命后形成的运行了几十年的集中式开发、生产与消费分离的化石能源系统；没有合理的财税政策的激励扶持，可再生能源的发展将受到具有技术优势的化石能源系统的抑制，难以自发走上规模化和产业化的道路；没有合理的财税政策规制，企业不会自发约束行为，将化石能源利用产生的环境成本纳入其生产规划；诸如此类。

面对新形势，财税政策大有可为。例如，煤炭价格已初步实现市场化定价，但煤炭定价过程中还存在很多不合理的税费，致使煤炭价格改革尚缺最后的临门一脚。由于煤炭占一次能源比重高达70%，税收政策改革涉及的利益太多，包括地方政府、央企等，资源税由从量税改为从价税提了很多年，至今仍未实施。在强大的新能源财税政策激励和扶持下，我国太阳能、风能等的开发利用取得了巨大进步，相比生产环节，国家在财税政策方面比较轻视消费环节，这在一定程度上导致近几年光伏产业和风电产业产能过剩，发展受阻。

（二）政策建议

1. 推进资源税改革

对资源产品收税是国际上通行的做法，我国自1984年开征资源税，历经多次调整，目前的资源税仍然存在一些明显的不足，亟须调整改革，如拓宽从价计征资源税范围。

煤炭资源税由从量计征改为从价计征是当前资源税改革的重点。2013年5月24日，国务院公布了《关于2013年深化经济体制改革重

点工作的意见》(国发〔2013〕20号),提出"将资源税从价计征范围扩大到煤炭等应税品目,清理煤炭开采和销售中的相关收费基金"。2012年以来,煤炭受经济调整、环境压力导致的对煤炭的替代等多重因素影响,市场疲软,价格持续走低,这为煤炭资源税由从量计征改为从价计征提供了很好的机会。

2. 构建完善的新能源财税体系

在第三次工业革命的推动下,新能源将逐步取代传统能源,成为未来的主要能源,合理的财税政策可以引导、促进这些变革的发生。为了适应和推动变革,我国已出台了各项有关财税政策,如对新能源研发、生产提供各种财政补贴、税收优惠等。现行的新能源财税政策在覆盖面、管理、政策合理性、政策的监督实施等方面还存在一些明显的不足,为发挥财税政策对新能源发展的促进作用,提出以下建议:

(1)设立财政专项资金。为促进新能源技术研发和科技推广,建议从中央政府层面进行统筹规划,设立促进新能源发展的专项财政资金。

(2)逐步开征环境税。环境税通过将环境污染和生态破坏的社会成本内化到生产成本和市场价格中,运用市场机制实现资源的优化配置。环境税的开征对推动能源生产与消费革命意义重大,但环境税的开征会对现行经济生产、居民生活产生较大影响,因此实施中要慎重,建议分阶段逐步完成。

(三)政策实施

1. 资源税改革政策实施

对资源税改革,在实施过程中重点要做好以下工作:

(1)合理确定煤炭资源从价计征税率。参考目前油气资源税率,根据煤炭销售额的5%~10%征税。以煤炭的销售额而非纯利润为计税依据,有利于更大力度地抑制资源的高成本开采,实现节约资源、保护环境的效果。此外,也可考虑在试点初期采取较低的税率,然后根据试点的实施情况逐步提高。

（2）完善资源税改革试点的相关配套措施。对地方煤炭资源收费进行清理，将合理的部分纳入资源税范围，从而简化税制、减轻企业负担；对于受资源税改革消极影响较大的弱势群体予以适当补贴，保障社会公平，维护社会稳定；出台相关优惠政策，鼓励企业寻找替代性能源，推动产业升级和经济结构转型。

（3）对于新增的资源税收入，通过适当的途径部分返还，用于矿区基础设施建设、人员安置、环境污染和地质灾害治理、煤矿安全生产补欠等方面，努力为实现统筹社会经济发展、促进资源的合理利用和优化配置创造良好的政策环境。

2. 环境税开征政策实施

我国环境税的开征面临诸多因素的制约，为避免政策实施造成较大冲击，建议分阶段完成。

（1）强化已有税种的环境"绿化"功能。具体包括：①调整消费税。对电池、一次性生活用品等容易造成环境破坏的产品征收消费税，以对资源浪费、高污染行业起一定约束作用。②完善所得税。对调整产品结构、改进工艺、改造设备而降低污染的投资项目给予更优惠的税收抵免，对利用再生资源生产的产品减免所得税，对环保科研成果转让、相关技术咨询、技术培训取得的服务性收入给予一定的所得税减免。

（2）排污费逐步改革为排污税。收费制度对环境保护的强制性作用较弱，且容易引起寻租行为。随着我国环境监测技术的成熟，宜逐步将现行的排污收费制改为排污税。

（3）开征独立环境税。有了前面两阶段准备工作，待时机成熟，再全面开征环境税（丁芸等，2014）。

三、推动中国能源生产消费革命的国际化经营政策

（一）政策需求分析

在经济全球化深入发展、我国经济发展模式加速转型的新形势

下，推动有条件的企业"走出去"成为我国新时期国家发展战略的重大课题。我国经济快速发展，能源需求增长旺盛，对外依存度持续增大，能源企业"走出去"势在必行。经过多年的实践与探索，我国能源企业积极实施"走出去"战略，取得了可喜的成绩。但在开展国际化经营方面，我国能源企业仍然面临一些突出的问题。由于能源对各国的经济安全与国家安全密切相关，因此，能源企业在国际化经营方面不仅面临高投资、高市场风险，还面临投资国的政治风险，甚至因对资源国法律、人文、社会风俗习惯等知识的缺乏而导致经营失败。

（二）政策建议

1. 完善海外投资立法

我国目前有关海外投资的国内立法，立法层级过低且没有达到应有的层次，仍是各部门各自为政，制定的规章制度缺乏足够的稳定性和权威性。政府未对海外并购立法，相关配套的政策法规也不完善。相对于"引进来"的三资企业法及相关实施细则，"走出去"还没有上升到法律层级。海外并购相关的法规主要由国务院各部委颁布的办法、意见、条例等构成，缺乏约束力和权威性。

2. 注重国际化经营人才队伍建设

改革开放 30 多年来，我国资源型工业的发展主要依赖于国内市场，以致有国际经营经验的人才非常匮乏，而是否拥有高水平的国际化人才团队是企业国际化成功的关键，因此当务之急是为企业打造高水平的国际化人才团队。

国际化企业一定要注重培养跨文化的管理人才，了解东道国文化根基，尤其是人权、尊严等基本价值观、消费观、职业观，以及在不同环境中成长起来的劳动者的真实生活背景，增进对企业内部不同文化背景员工的理解，超越不同种族，在理念和信仰、感情和行为习惯上，形成包容文化差异的新文化体系。目前，我国国际化人才资源比较匮乏，整合国际市场人才资源的能力相对较弱，我国部分企业在境外投资失败的原因之一是企业派出人员素质过低，无法适应复杂的国际经营环境（刘迎秋等，2009）。

（三）政策实施

1. 尽快制定"海外投资促进与保护法"

建议国家及时总结企业海外投资经验，尽快制定我国"海外投资促进与保护法"和逐步完善"海外投资法实施细则"等具有可操作性、实用性的配套法律，解决当前海外投资急需的法律保障问题。"海外投资促进与保护法"和"海外投资法实施细则"应该就对外直接投资的促进，包括税收鼓励与保护、政府资助与服务、投资保险制度，以及海外投资的监管措施等做出明确规范，并为其他低位阶的法律法规提供母法性质的依据。"海外投资促进与保护法"应以人大立法的形式完成。

2. 引进与培养高层次人才并重，注重团队建设

2008年，国家推出了"海外高层次人才引进计划"（即"千人计划"）。计划在5~10年内，在国家重点创新项目、重点学科和重点实验室、中央企业和国有商业金融机构、以高新技术产业开发区为主的各类园区等，引进2 000名左右人才，并有重点地支持一批能够突破关键技术、发展高新产业、带动新兴学科的战略科学家和领军人才回国创新创业。同时，各省（自治区、直辖市）也结合本地区经济社会发展和产业结构调整的需要，有针对性地引进一批海外高层次人才，即地方"百人计划"。

目前我国实施"千人计划"的重点在于引进高端技术创新创业人才，强调高端人才的带头作用，而在团队建设和引进国际化经营方面的人才重视度不够；并且，资源型企业国际化经营急需的熟悉各国法律的人才、能应诉"双反"的人才、具有国际投资经验的人才、熟悉国际化经营和管理的人才、具有国际营销经验的人才都不属于"千人计划"中重点引进的人才。

国际化团队建设是企业国际经营成功的关键，建议我国政府在人才引进的同时，更要注重自我培养，注重团队建设。

四、推动中国能源生产消费革命的国际合作政策

（一）政策需求分析

能源是全球性的问题，一方面，在经济全球化的条件下，世界各国的能源供需和能源安全相互依存，绝大多数国家都不可能离开国际合作而获得能源安全的供给，我国尤其如此；另一方面，在国际舆论上，"中国威胁论"不断变换出场，我国正面临着前所未有的复杂的国际政治、经济环境，如何在复杂的国际环境下开展有创新意义的国际能源合作，对推动我国能源生产与消费革命，保障我国能源安全，甚至对全球能源安全都具有重要意义。

1. 能源安全难以依靠能源企业，甚至一国实力

能源问题与国家安全、区域政治和环境保护问题连接在一起。人们单纯利用市场机制调节能源问题的时代已经一去不复返，国际间在能源领域的合作和相互调整适应变得越来越重要。

即使在传统的化石能源领域，全球和区域间的国际合作也越来越发挥重要的作用。例如，当今最主要的石油市场，自20世纪70年代以来逐渐形成了以中东产油国为首的欧佩克和以西方主要石油消费国为首的国际能源署（International Energy Agency，IEA）的两极国际能源格局，这两个大型的国际能源合作组织基本上决定了国际石油市场的走势，由于中国被排斥于这两个组织之外，虽然中国石油净进口量已超过日本，且国际石油市场新增需求的三分之一以上来自中国，但在国际石油市场上一直缺乏石油定价权。

2. 能源问题不是单纯的经济问题，与国家安全紧密相连

2005年中海油竞购优尼科（Unocal）失败就是一个最具说服力的案例。2005年4月，美国第九大石油企业且有上百年历史的优尼科公司由于经营不善，连年亏损，被政府批准破产。随即美国另一家大型石油公司雪佛龙（Chevron）以165亿美元的价格向其发出要约予以

收购。中海油也看重了优尼科现有油田的潜能及其庞大的国际市场，并希望以此完成在美国的"借壳上市"，便紧跟其后以高出雪佛龙20亿美元的报价予以竞购。由于这笔交易关系到美国的国家利益，在中海油竞购要约进入审查期间，美国政府直接出面干预，迫使优尼科最终接受了重新报价的本国雪佛龙公司，使中海油尴尬地退出了竞争，宣布竞购案"夭折"。分析这起失败的案例，其中一个很重要的原因是，美国认定石油产品为国防所需产品，优尼科是国防所需产品的供应商，中海油收购优尼科对美国国家安全利益构成了潜在威胁。从而将一起经济贸易事件上升为涉及美国国家安全利益的"政治案件"，最终注定了中海油竞购失败（张媛媛，2013）。

第三次工业革命将推动能源生产从集中型、大规模生产模式逐步转向集中与分散相结合的新型生产模式，能源系统也将从化石能源时代逐步过渡到新能源和可再生能源时代。这样一些革命性的影响将进一步促进全球范围内的国际合作。例如，欧盟以发展可再生能源，打造低碳型经济为契机，始终坚持以组建欧盟统一市场为其能源战略宗旨，并通过主导国际气候变化谈判，在国际能源市场上发挥更大作用，谋求欧盟能源供应安全。

（二）政策建议

1. 积极参与并引导国际能源市场新秩序的构建

传统两极格局正在动摇。半个多世纪以来，能源市场一直由以欧佩克为首的能源生产国和以美国为首的能源消费国两大利益集团控制。第三次工业革命中兴起的分布式可再生能源开发利用以分散式为特点，并逐步威胁传统化石能源由于地缘性而决定的集中式能源供应模式的地位，动摇主要能源生产者在能源市场中的地位。

能源生产和消费重心转移。以中国和印度为首的新兴经济体已经成为新的能源消费大国，而页岩气成功开发，可再生能源的大规模利用使得美国、欧盟这些昔日的能源消费重心转向具有能源技术优势的能源生产中心。

上述两大变化以及第三次工业革命催生的新技术、新能源的广泛普及和推广，使国际能源市场格局正在发生着巨大变化，中国应抓住机遇，运用自身优势，积极参与并引导国际能源新格局的建立。

2. 不断拓宽国际能源合作的领域

除油气领域的合作外，要加强中国与世界在减缓与适应气候变化领域的合作。顺应第三次工业革命背景下分布式可再生能源系统的发展要求，在国际气候谈判、可再生能源开发、分布式能源系统建设等领域扮演重要角色，推动国际能源格局转变。

3. 从外交层面加强国际能源合作

虽然自新中国成立以来，中国就开展了不同形式的能源外交，如20世纪50年代与苏联的能源合作，以及70年代后期，通过向友好国家出口石油建立稳固的政治同盟和储备外汇。那个时期的能源外交是作为政治外交的附属物，只有到90年代，能源外交才从幕后走到了台前，能源外交的目的从实现经济和政治利益转向维护能源安全。为此，中国政府积极努力开展了广泛的双边能源合作，并进行了多边能源合作尝试，特别地，中国政府与IEA就能源安全、能源政策对话、可再生能源、能源效率等领域进行了广泛的交流与合作，但由于诸多因素，中国一直未加入IEA，成为IEA的正式成员，使得中国政府与IEA的能源外交局限于沟通和对话层次。游离于最有影响力的国际能源合作组织IEA之外，使得中国的能源外交颇为艰难。首先，中国的能源外交，如与西方国家交恶的伊朗、委内瑞拉的能源合作，以及在非洲的能源投资都被视为西方国家的心腹之患。其次，离开了国际能源合作组织，中国的能源外交只能是双边合作，无法开展具有实质意义的多边合作。

第三次工业革命为中国的能源外交提供了机遇。首先，中国已成为全球最大的能源消费国和二氧化碳排放国，成为全球继美国之后的第二大经济体，中国在世界能源市场中的地位举足轻重，缺席了中国、印度这些新兴经济体的IEA作用受到很大影响，所以以美国为首的IEA，甚至愿意为使中国、印度加入IEA而修改章程。中国应该抓住这个机遇,平衡责任与利益,力争突破合作层次,如参与国际应急机制。

(三)政策实施

中国是全球第二大经济体,最大的二氧化碳排放国和能源消费国。借助于中国现有的国际地位和国际发展环境,中国的国际能源合作应重点从以下两个方面开展。

1. 分阶段寻求东亚能源合作为重点

东北亚各国,无论是在政治体制、经济模式,还是文化及价值观上都存在很大的差异。大国之间的不信任是推动东北亚区域一体化合作发展的主要障碍。东北亚地区缺少可以在区域内有效缓解紧张关系的多边机构与机制(巴殿君,2009)。因此,推动东北亚地区能源合作不能急于求成,而应分阶段逐步推进。

第一阶段,依据现有东北亚经济合作组织(表5-1),广泛宣传并积极行动,以经济合作为手段,逐步消减政治上的不信任,推动东北亚能源合作;积极倡导能源贸易"去政治化"。

表 5-1 与东北亚相关的联盟会议等框架及地区机制

名称	成员数/个
六方会谈	6
东盟"10+3"	13
东北亚地区论坛	25
亚洲太平洋经济合作组织	21
东北亚峰会	16
亚洲合作对话	30
东北亚—拉美合作论坛	33
亚欧会议	25

资料来源:亚洲战略数据库

第二阶段,在前期宣传合作基础上,时机成熟时寻找合适的组织机构或创新成立新的机构,推动区域内相关制度与机制的建立,使区域能源合作逐步进入实质化阶段。

2. 寻求"IEA+中国"形式，成为 IEA"特殊合作伙伴国"

IEA 是当前最具影响力的多边能源合作组织，随着中国、印度等新兴经济体的不断发展，缺少这些能源消费大户的 IEA 的地位和影响力将受到显著影响；而游离于 IEA 之外的中国也急需这样的平台，通过全球范围内的多边合作保障中国能源安全。

因此，站在中国政府的角度，即便短期内难以加入 IEA，但不妨寻求通过"IEA+中国"的形式在短期内成为 IEA 的"特殊合作伙伴国"，并以 IEA 的员工雇佣机制为突破口寻求让中国公民成为 IEA 正式员工的可行性，以及在战略石油储备的启用机制上统一协调行动，提高中国能源统计数据质量及公开透明度，与 IEA 在能源研究领域，尤其是能源模型建设等方面进行实质性合作和交流（涂建军，2013）。

参 考 文 献

巴殿君. 2009. 东北亚区域经济合作的政治环境［J］. 东北亚论坛，（4）：25-31
白建华. 2010. 坚强智能电网发展方式及其效益研究［J］. 能源技术经济，（10）：1-6
白云程，周晓惠，万群，等. 2008. 世界深水油气勘探现状及面临的挑战［J］. 特种油气藏，15（2）：7-10
蔡斌. 2016. 全球碳排放，你要知道的数字［J］. 能源评论，（1）：56-59
蔡伟光. 2011. 中国建筑能耗影响因素分析模型与实证研究［D］. 重庆大学博士学位论文
曹勇. 2012-07-11. 海洋油气迈入深水时代，海上油服自营强国［EB/OL］. http://xueqiu.com/4649792187/21998913
陈柳钦. 2014. 煤炭价格改革何去何从？［J］. 产权导刊，（1）：11-13
陈文玲. 2014. 2013—2014年世界经济形势分析与展望［J］. 全球化，（2）：65-78
陈向国. 2015. 泛能网：推动能源革命的产业实践［J］. 节能与环保，（7）：48-50
程大章，王长庆，王坐中，等. 2006. 智能建筑节能的调研与分析［J］. 智能建筑与城市信息，（7）：16-22
丁芸，孟芳娥，张天华，等. 2014-02-25. 促进新能源产业发展的财税政策研究［EB/OL］. http://cti.ctax.org.cn/xsjl2/ssgg/201508/t20150803_1014941.shtml
方令. 2012-05-07. IGCC：期待在中国率先取得成功［EB/OL］. 千人杂志，http://www.1000plan.org/qrjh/article/19776
方婷婷. 2012. 俄罗斯对外能源战略和中俄能源博弈［J］. 东北亚论坛，（3）：36-40
方小美，陈明霜. 2011. 页岩气开发将改变全球天然气市场格局——美国能源信息署（EIA）公布全球页岩气资源初评结果［J］. 国际石油经济，（6）：40-44
冯建中. 2010. 欧盟能源战略——走向低碳经济［M］. 北京：时事出版社
郭晓刚. 2012. 低碳消费模式的内涵及构建［J］. 人民论坛：中旬刊，（8）：82-83
国务院发展研究中心课题组. 2009. 促进新能源技术的开发利用［J］. 发展研究，（2）：4-8
韩晓平. 2003. 分布能源与建筑能源的优化整合（分布式能源及微燃机技术在建筑中的应用）［C］. 2003上海建筑能源国际论坛论文集
何光怀，李进步，王继平，等. 2011. 苏里格气田开发技术新进展及展望［J］. 天然气工业，31（2）：12-16
何国声. 2013. 智能电网的内涵特征及未来发展的思考［J］. 经营管理者，（11X）：190
贺大胜. 2013. 智能交通发展现状及在我国的应用研究［D］. 长安大学硕士学位论文
科技部. 2012a. 智能电网重大科技产业化工程"十二五"专项规划［R］
科技部. 2012b. 智能制造科技发展"十二五"专项规划［R］
里夫金 J. 2012. 第三次工业革命［M］. 张体伟，孙豫宁译. 北京：中信出版社
刘星. 2013. 分布式发电行业呼吁向商业化时代迈进［J］. 电气技术，（4）：3-4

刘迎秋，张亮，魏政.2009.中国民营企业"走出去"竞争力50强研究——基于2008年中国民营企业"走出去"与竞争力数据库的分析［J］.中国工业经济，（2）：5-14

刘莹，李金凤.2012.德国可再生能源的立法选择与借鉴［J］.环境保护，（15）：68-70

路甬祥.2010.绿色、智能制造与战略性新兴产业［C］.2010年中国机械工程学会年会

马新华，贾爱林，谭健，等.2012.中国致密砂岩气开发工程技术与实践［J］.石油勘探与开发，（5）：572-579

孟浩，孟祥路.2011-07-18.700℃超超临界燃煤发电技术蓄势待发［N］.中国能源报

闫岩.2012.对当前推进节能减排工作若干思考［J］.中国新技术新产品，（11）：224

牟其峥，吕娟.2013.制造业转型，节能是支柱［R］.国泰君安证券行业研究报告

任海平.2011.当前世界能源地缘政治格局与世界石油市场的新变化［C］.中国国际经济关系学会第九次代表大会暨学术研讨会论文集

沈雪石，吴集，徐小平.2012.第三次工业革命的影响分析和思考［J］.国防科技，（6）：1-4

孙永祥.2009.俄罗斯：2030年前的能源战略［J］.中国石油石化，（18）：52-53

滕乐天.2010.上海世博园智能电网综合示范工程［C］.中国电机工程学会可靠性专业委员会、城市供电专业委员会2010年学术年会论文集

田伟达.2011.微电网概念下家庭自发电系统及其初级验证方案设计［J］.科技传播，（2）：53，44

涂建军.2013-05-28.中国是否应该加入国际能源署［N］.中国石油报

王劲松.2013-07-04.勾画"低碳中国"的新图景［N］.中国财经报

王明俊.2010.智能电网与智能能源网［J］.电网技术，（10）：1-5

王宇拓，韩强，徐越.2012.智能电网项目的效益识别与临界收益研究［J］.东北电力大学学报，（1）：90-92

魏一鸣，刘兰翠，范英，等.2008.中国能源报告（2008）：碳排放研究［M］.北京：科学出版社

吴俊勇.2010.中国智能电网的效益评估和政策机制研究［J］.电力科学与技术学报，（4）：42-46

谢克昌，等.2014.中国煤炭清洁高效可持续开发利用战略研究［M］.北京：科学出版社

徐顺梨.2000.现代科技革命与社会经济变革［J］.求实，（11）：32-33

许锦峰，张海遐，吴志敏，等.2014.《江苏省居住建筑热环境和节能设计标准》修订解读［J］.建设科技，（24）：36-39

殷虹，庄妍.2012.天然气分布式能源项目投资管理及建议［J］.中国能源，34（11）：32-35

余贻鑫，栾文鹏.2011.智能电网的基本理念［J］.天津大学学报，44（5）：377-384

俞安平，曹雯.2011.服务型制造模式的成本优势与形成机理［J］.南京财经大学学报，（5）：30-34

张红斌，李敬如，杨卫红，等.2010.智能电网试点项目评价指标体系研究［J］.能源技术经济，22（12）：11-15

张亮.2012.推进能源价格改革　实现节能减排的难点与对策优化设计［J］.当代经济管理，（11）：19-23

张媛媛.2013-06-24.论中国海外投资问题的法律缺失与影响［EB/OL］.国际经济法网

赵苗妙.2009.智能建筑节能问题的思考［J］.中小企业管理与科技（上旬刊），（16）：133-134

中华人民共和国国务院新闻办公室. 2012.《中国的能源政策（2012）》白皮书［R］
《中美企业国际化经营比较研究》课题组. 2013. 提升我国企业国际化经营能力的调查与政策建议［J］. 中国经贸导刊,（2）: 61-65
周倩. 2010. 智能工程体系及其在电力负荷预测中的应用研究［D］. 华北电力大学（北京）博士学位论文
周新军. 2010. 交通运输业能耗现状及未来走势分析［J］. 中外能源,（7）: 9-18
周勇. 2009. 智能电网的发展现状、优势及市场机遇［J］. 电器工业,（9）: 29-32
朱凯. 2011. 美国能源独立的构想与努力及其启示［J］. 国际石油经济,（10）: 34-47
朱颖超. 2012. 中国石油企业实施"走出去"战略面临的形势和政策建议［J］. 价值工程,（19）: 175-176
朱永芃. 2013-03-08. 地方保护弃风限电等阻碍风电发展［EB/OL］. 中国经济网
住建部. 2013. 住建部通报2012年全国建筑节能检查情况［J］. 墙材革新与建筑节能,（4）: 11
BP. 2016. BP Statistical review of world energy［R］
IEA. 2000. China's worldwide quest for energy security［R］